Más yo que nunca

Mara Jiménez

Más yo que nunca

Trazando el mapa para volver a ti

Penguin
Random House
Grupo Editorial

Primera edición: mayo de 2023

© 2023, Mara Jiménez (@croquetamente__)
https://www.marajimenez.com/
Autora representada por Sandra Bruna Agencia Literaria, S. L.
© 2023, Ezequiel Tejero, por las ilustraciones de interior
© 2023, Penguin Random House Grupo Editorial, S. A. U.
Travessera de Gràcia 47-49. 08021 Barcelona
Fotografía de la página 151: cedida por la autora

Printed in Spain – Impreso en España

ISBN: 978-84-666-7575-8
Depósito legal: B-5821-2023

Compuesto en M. I. Maquetación, S. L.

Impreso en Romanyà Valls, S. A.
Capellades (Barcelona)

BS 7 5 7 5 8

ÍNDICE

y le dije a mi cuerpo, con suavidad
«quiero ser tu amiga».
respiró hondo.
y contestó
«llevo toda mi vida
esperando esto».

NAYYIRAH WAHEED, «Three»

PRÓLOGO

El día que Mara me dijo que iba a escribir su segundo libro, lo primero que hizo fue compartir conmigo todas las ideas que tenía en mente, cómo se lo había imaginado y lo que para ella era la premisa principal: quería que fuera una guía para sus Croquetillas —lo dijo literalmente así—, un libro que os acompañase a construir vuestro propio camino a través de las vivencias y descubrimientos que ella ha hecho en su recorrido. Pero en realidad ha creado algo más que una lectura enriquecedora; este libro es un viaje hacia dentro, una invitación a revisar las bases que sostienen la relación que cada uno tenemos con el cuerpo y la alimentación. Este libro es Mara en estado puro.

Tiempo más tarde volvió a llamarme para hablar del libro, pero esta vez no me buscaba como amigo; en esta ocasión quería pedirme un favor como psicólogo y terapeuta especializado en conducta alimentaria. Quería que supervisase su libro antes de ser publicado para que tuviera el rigor que su público merece. Sí, lo llamó «favor», pero en realidad para mí no era un favor; era todo un honor. Recuerdo que le pedí que doña Rogelia —quienes ya conocéis a Mara sabréis perfectamente a qué me refiero; las que todavía no, pronto os presentará a este personaje tan peculiar— soltase un momento el teléfono y me pase con Mara. Ella no necesita ningún tipo de supervisión, ya que su voz y su discurso se sostienen en años de aprender y descubrir, y muchas veces eso tiene más rigor que un título universitario. Insistió, y yo solo pude responderle que sí, y aquí estoy, escribiendo el prólogo de su segundo libro para invitaros, con el rigor profesional que más de diez años de experiencia me otorgan, a descubrir todo lo que estas páginas tienen para ofreceros, que es mucho.

Cuando colgué tras esa conversación recuerdo admirar su honestidad, cuidado y humildad. En ese momento pensé que podía perfectamente escribir algo más sencillo, dejar que el ego, que medio millón de seguidores y tres ediciones de su primer libro te causan, hiciera el trabajo y se glorificara; pero, no, su intención era mantener el cuidado y respeto que os tiene en cada mensaje que os lanza. Todos sabemos que, en las redes sociales y con un buen puñado de seguidores, actualmente es posible hacer dinero de formas mucho menos sufridas. Pero ella tiene grabada a fuego la causa que la ha traído hasta aquí y que hace de ella una de las creadoras de contenido más reales, honestas y respetuosas que existen hoy en día en las redes.

Siempre fiel a sus valores, cuando me planteaba la idea del libro en ningún momento vi una pizca de ego, ese que se presupone a los *influencers*, ni tampoco rastro de esa grandiosidad que a veces viene de la mano de la fama, sino que de nuevo se movía por la generosidad y la entrega por su causa. Creedme que si hubiera visto cualquier voluntad de alarde se lo habría dicho, porque los amigos estamos para eso. Esto es algo que admiro de Mara, tanto en el terreno profesional como en el personal. Ella tiene lo necesario para creérselo y que «se le suba a la cabeza»: un buen puñado de seguidores, éxito en la mayoría de sus proyectos, un talento indiscutible…, pero tomó una decisión hace años que, aunque su altavoz y fama sean cada vez más grandes, respeta y tiene por bandera en cada acción que lleva a cabo, manteniéndose firme en su «para qué» a pesar de las tentaciones que el foco mediático trae consigo. Y esto no es fácil, ya que implica renunciar a muchos «caramelitos» para no desviarte del camino elegido.

Mara se entrega en cada cosa que hace, en el amor, en la amistad, en el trabajo, sobre el escenario, cuando baja de él... Mara es entrega y este libro es un ejemplo más de ello. A través de sus páginas e ilustraciones, todas ellas obra de Ezequiel Tejero, vais a conocer el camino, los retos, los aprendizajes y los «desaprendizajes» que Mara ha experimentado para poder empezar a mirarse desde un lugar más respetuoso. Pero este libro no es una guía que seguir al detalle, es una propuesta de ruta a través de la cual os invita a iniciar vuestro propio camino. Este libro es un acompañamiento para que vosotras mismas descubráis cuál es el siguiente paso que queréis o necesitáis dar en vuestra vida, y que a través de lo que Mara descubrió podáis iluminar lugares de vuestra historia donde antes hubo sombras para empezar, si así lo deseáis, a poner luz.

Los que la conocemos un poco, ya sea por redes sociales o personalmente, sabemos que Mara es magnética, su energía te atrapa y te deja con ganas de un poquito más, y ella ha decidido poner esa energía al servicio de una causa que desde hace años estaba escasa de voces que le dieran el espacio que necesita y le quitasen ese halo de tabú y vergüenza.

Me dedico como psicoterapeuta a esa misma causa desde hace más de diez años, y he visto todas las caras de esta problemática y cómo ha ido evolucionando la conciencia social sobre ella, pasando de ocupar pequeños artículos en prensa, cargados de datos morbosos, a inundar las redes sociales con mensajes esperanzadores. Mara llegó para dar el golpe definitivo y su mensaje está calando y cambiando la vida de miles de personas. Lo sé porque lo he visto, no solo en mis sesiones de terapia donde llegan muchas personas que han podido poner nombre a un dolor que las acompañaba desde hacía años, sino en firmas de libros, pases de *Gordas* o *Like* donde la he acompañado y muchas de vosotras esperabais emocionadas tras la función para darle las gracias o cuando la paráis por la calle para saludarla. Ver esas muestras de agradecimiento con tanta ilusión en los ojos en primera persona es realmente mágico. Pero también es cierto que la admiración puede convertirse en idealización, y por eso quiero invitaros, mientras leéis este libro, a no olvidar que Mara es como vosotras. Nada de lo que Mara está viviendo es distinto a lo que vosotras, que estáis leyendo estas líneas, habréis vivido. Para entender esta idea no os centréis en lo superficial, las oportunidades laborales, la fama o los seguidores, mirad en lo profundo, en lo que sucede tras la piel. Hablamos de lo ESENCIAL, ahí dentro donde nadie más tiene acceso y reside lo que de verdad importa, todos jugamos en la misma liga. En ese espacio todos nos enfrentamos al miedo, a las heridas, creencias, expectativas, a los recursos emocionales y un sinfín de elementos más que están todo el día trabajando para ofrecernos NUESTRA REALIDAD, la única que existe y la que será la cuna del respeto y amor propio que os deis a vosotras mismas. Ni el dinero, ni la fama, ni el éxito profesional, ni ninguna de esas cosas que siempre nos han dicho que hay que perseguir tienen capacidad para interferir en el respeto y amor propio que nos tengamos.

Entiendo que podáis pensar que algunos contextos os lo ponen más fácil, y no lo niego, porque es así, pero en el camino de respetarnos y querernos lo de alrededor solo es el marco de una obra de arte que necesita ser entendida y cuidada. Porque habrá personas a las que les entreguéis un lingote de oro y lo usen como pisapapeles, pero eso no hará que cambie su valor. Lo mismo sucede con lo que sois. El objetivo de este libro no es otro que ofreceros alternativas para empezar a investigar en vuestra esencia y poder darle el valor que merece.

No me gustaría terminar este prólogo sin compartir con vosotras un pequeño trozo de la relación personal que Mara y yo vivimos. Recuerdo con total nitidez la primera vez que la vi y cómo me atrapó su energía. Resulta complicado trasladar a palabras un vínculo tan bonito, por lo que me tomaré la libertad de utilizar una definición que Albert Espinosa hace en su libro *El mundo amarillo,* en el cual describe a unas personas a las que denomina «amarillos» y que dibuja de manera muy precisa el vínculo que hemos construido:

> Amarillo: Persona especial en nuestra vida que no necesita tiempo ni mantenimiento, a la que acariciamos y abrazamos. Marca nuestra vida y hay 23 a lo largo de ella. Las conversaciones con ellas hacen que mejoremos como personas y descubramos nuestras carencias. Son el nuevo eslabón de la amistad.

Mara es una de mis 23 personas amarillas.

Este libro también comparte el talento de otra de mis personas amarillas, Ezequiel Tejero, ilustrador de las imágenes de las próximas páginas. Su arte y talento os acompañarán en este viaje. El arte en todas sus formas es un vehículo directo a las emociones y ayuda a darle sentido a nuestro mundo interno. Creo que los artistas merecen mucho más reconocimiento del que reciben, porque a través de lo que hacen nos permiten sentir, y quien siente empieza a comprender. Gracias, Eze, por todas las horas de trabajo, que no han sido pocas, por el cariño con el que están hechas las ilustraciones y por compartir tu arte en esta causa. Te quiero y admiro.

Como habréis intuido llegados a este punto, este libro es muy especial para mí. Ha nacido de la mano del talento de dos personas a las que valoro y de las que aprendo a diario, y me hace feliz saber que ahora también vosotras podréis aprender y disfrutar de ellos.

Solo me queda desearos una calurosa bienvenida a este viaje e invitaros a participar de las reflexiones y ejercicios que encontraréis en sus páginas. Los buenos pucheros se hacen a fuego lento, por lo que os invito en esta lectura a parar, sentir y abrazar lo que venga, dejando la prisa y el juicio fuera.

Pero, sobre todo, a daros el permiso de quereros por lo que sois, por cómo sois y por lo que habéis vivido. A día de hoy habéis sobrevivido al 100 % de las situaciones que un día pensasteis que acabarían con vosotras, así que, en realidad, sois más capaces de lo creéis.

Buen viaje, amigas.

ADRIÁN GIMENO

Antes de empezar el libro, tómate tres minutos,
ponte unos cascos y respira:

Firmado: Adri, Eze y Mara

EL PARA QUÉ DE TODO ESTO

Llevo meses respondiendo «estoy bien» cuando por dentro siento una tormenta. Cuando alguien me pregunta cómo estoy, respondo «bien, muy cansada, pero muy contenta», porque me siento culpable si no muestro alegría por la vida que llevo ahora. He pasado años soñando con mi vida actual: dedicándome a lo que más me gusta, pudiendo ser independiente... Sin embargo, creo que todo ha pasado tan rápido que he ido poniendo parches a cosas que me estaban doliendo muchísimo, pero que «no tenía tiempo» de tratar. Además, me resulta curioso que todo lo que había soñado para mí fueran cosas relacionadas con el «hacer»: a qué dedicarme, qué conseguir... Sin prestar atención a quién y cómo quiero SER.

Otra cosa que me choca es cómo todo el mundo durante este tiempo se ha encargado de recordarme que no me quejara: «Bueno, no te quejes, tienes una vida maravillosa, tía, anímate, descansa lo que puedas, pero agradece y valora todo lo que tienes». No son cosas incompatibles. Agradezco y valoro mi vida a cada instante. Soy una persona muy muy agradecida, pero eso no significa que todo sean luces y purpurina ni significa que yo, todos los días, pueda vivirlo siempre de la misma forma.

Hace meses que siento una ira inexplicable. De repente me cruzo si la meditación no me sale bien, si la comida me queda salada, si la casa está desordenada. Hay días que, otra vez, me cuesta mirar la imagen que refleja el espejo. Todo eso provoca en mí una sensación de agobio, me palpita más rápido el corazón, pienso que mi vida es un caos y que nada me sale bien. Solo tengo ganas de llorar, de tumbarme en la cama viendo series y no pensar en nada. Creo que me está pasando factura haber vivido un duelo poniéndome una máscara en forma de sonrisa. Me siento agradecida por la vida que llevo, pero a la vez esta me engulle. Tapo con trabajo todo lo que duele, lo que no puede salir para que mi vida no se tambalee. Es curioso que toda la vida soñara con esto y ahora no sea capaz de disfrutarlo al 100 % porque no me haya dado tiempo a procesar y sanar otras cosas que iban pasando al mismo tiempo. No, no se ve todo lo que hay detrás. No se ven ni las horas de edición, ni las horas pensando cómo hacer un contenido de valor, ni el tiempo sintiendo que dependes de una plataforma bastante volátil, ni la presión al perder tu intimidad y sentir miles de ojos puestos en ti y en tu discurso. No se ven las veces que tienes que poner buena cara cuando por dentro estás rota. Que sí, que cuando era dependienta también tenía que poner buena cara al cliente. Pero aquí hay una responsabilidad infinitamente mayor. No estoy bien. Y es jodido que me cueste reconocerlo, pero llevo tantos meses fingiendo estar bien que pienso que nadie me va a creer cuando diga algo diferente. Estoy tan hecha a fingirlo, a ser la graciosa del grupo, que ¿cómo le digo ahora a la gente que estoy hecha una mierda?, ¿que no le encuentro sentido a nada?, ¿que la vida no me motiva?

Podría titular este libro «Soy humana», como la gran canción de mi adorada Chenoa, porque, chica, si de algo vamos a hablar aquí es de lo que nos pasa a todas. Propuse a mi editorial escribir este libro por y para ti, como consecuencia de todos los mensajes recibidos de «¿por dónde empiezo?». Pero la Vida, como siempre, se acaba poniendo al mando y, mientras lo escribía, han ido pasando cosas en mi propia vida que lo han convertido en un libro tan necesario para mí como pueda serlo para ti.

Quizá la diferencia con la Mara del pasado es que la de hoy sabe que todo esto también pasará. La de hoy confía, se apoya en la gente adecuada, busca en sí misma lo bueno y bonito a lo que aferrarse. Y por eso quizá tengo la fuerza para ponerme a plasmar todo en un libro y hacerlo tuyo, con el único fin de intentar inspirarte.

Si algo he aprendido de mi andadura con *Acepta y vuela*, mi primer libro, es que a través de tu historia puedes conectar con cientos de historias distintas a la tuya, pero que comparten puntos comunes que abrazan un poquito las heridas. En mi primer libro te abrí las puertas de mi corazón de par en par y en este pensaba ponerme en un lugar más «divulgativo», pero, ay, amiga, la Vida tenía otras cosas planeadas para mí. Quizá esa era la gracia. Vivirlo todo para poder ponerlo al servicio de otros y caminar juntas todo lo que venga.

Deseo de corazón que este libro pueda ser un refugio para ti, en el que sentirte acompañada y arropada en todos esos días en los que parece que nada te calma y que toda la teoría que crees saber parece esfumarse. Como siempre te digo, esto no es un camino lineal ni un botón mágico al que le das y ya. Es un camino de luces y sombras, de afrontar mucho, de ser muy honesta contigo. No busques en este libro la salvación instantánea ni todas las soluciones. Me gustaría que lo leyeras sin expectativas, viéndolo como un faro que trata de alumbrarte el camino y ayudarte a despejar la maleza para abrirte paso. Lo que pueda servirte, bienvenido sea, y lo que no, que simplemente te impulse a seguir buscando respuestas.

Con todo mi corazón, te doy la bienvenida a *Más yo que nunca*.

ANTES DE EMPEZAR

Como quería que este libro fuera lo más útil posible y con una información realista y contrastada, está supervisado al completo por el psicólogo Adrián Gimeno (@adri.gimeno), que además de ser un apoyo fundamental para mí, es un enorme profesional que dedica su labor a ayudar a muchísimas personas. Le verás también recomendado en las cuentas del final del libro. Con su supervisión profesional quería tener la seguridad de que nada de lo que pueda deciros en estas páginas sea erróneo desde el punto de vista terapéutico. Obviamente, ambos podemos equivocarnos por sesgar el contenido desde nuestra perspectiva, pero es cierto que cuatro ojos ven más que dos. Gracias, Adri, por tu labor y por toda la guía que has sido en este libro. Te quiero mucho.

Todas las ilustraciones que vas a ver en este libro son de mi querido Ezequiel Tejero (@ezequieltejeroart). No puedo pasar de puntillas por este detalle porque el trabajo que ha hecho para esto ha sido mucho más que exquisito. Gracias, Eze, por ponerle tantísimo amor a este proyecto, por cuidar cada detalle, por trabajar en unos tiempos tan locos como la autora, por sostener todas mis dudas y cambios, pero, sobre todo, gracias por el cariño que le has puesto a este libro. Te quiero mucho.

Verás que, en este libro, te invito a veces a escribir, pensar, observar... En algunas páginas tienes un espacio reservado para poder escribir, pero, como recomendación para tu vida en general, te aconsejo hacerte con una libreta que sea TU libreta. Consigue una que realmente te encante, en la que escribir todas aquellas reflexiones, pensamientos, ideas, desahogos... Puedes usarla también para lo que quieras anotar de este libro, para que siempre puedas tener a mano aquellas cosas que necesites recuperar en algún momento. Además de eso, siéntete completamente libre de doblar esquinas, subrayar palabras... y hacer tuya esta guía que es por y para ti.

También en el libro encontrarás varios códigos QR que te llevarán a información adicional que quería regalarte. Para acceder, solo tienes que activar la cámara de tu teléfono móvil (en la mayoría ya se puede de esa forma), colocarla sobre el QR y te permitirá acceder al contenido.

Por último, verás que en el libro me dirijo a ti en femenino. Lo hago porque a febrero de 2023, exactamente un 94,1 % de mi comunidad son mujeres, así que estoy segura de que ese 5,9 % de hombres maravillosos que forman parte de la familia Croquetilla entenderá perfectamente que me dirija de esta manera a mi público lector. Siempre me sabe mal decir esto, porque en realidad nunca hemos justificado generalizar en masculino por ser «lo establecido» y entro tanto en el bucle de no fallarle a nadie que me sabría mal que alguien se sintiera excluido por esto. Con lo fácil que lo tiene el inglés, mecachis... En fin, que, por favor, no te quedes con este detalle y te pierdas lo valioso que creo que es lo que quiero decirte. Este libro va para todas las personas que puedan considerarlo de valor. Me da igual aspecto, sexo, género, edad, pronombre... Eres bienvenida.

EL PEAJE
DE LA GORDOFOBIA

HABLEMOS DE GORDOFOBIA

La gordofobia es el odio, rechazo y violencia que sufren las personas gordas por el hecho de ser gordas. Es una discriminación cimentada sobre prejuicios respecto a los hábitos, costumbres y salud de las personas gordas, los cuales se nutren de la creencia de que el cuerpo gordo responde a una falta de voluntad o de autocuidado, de no hacer el esfuerzo suficiente para ser delgado, motivo por el cual merece «castigo» o rechazo. Esta perspectiva, que piensa que el cuerpo gordo es producto de pereza o vagancia, no atiende a los contextos que producen o afectan a los cuerpos, ni a todos los factores que inciden en que una persona sea gorda o flaca, que enferme o sane. Las condiciones económicas, culturales, genéticas, educativas y sociales son invisibilizadas u obviadas, así como la propia condición de enfermedad y tratamiento médico que pueden tener efectos en los cuerpos y en su peso. Del mismo modo, esta visión tampoco tiene en cuenta que la propia gordofobia constituye un factor que vulnera la salud. La discriminación gordófoba, al igual que otras discriminaciones, supone limitaciones en el desarrollo pleno de la vida de quienes la padecen. Las personas gordas se encuentran con restricciones y barreras a la hora de encontrar un trabajo, establecer amistades y relaciones sexoafectivas, así como en el acceso a una atención médica de calidad.[*]

---

[*] Toda esta información ha sido extraída de la *Guía básica sobre gordofobia*, elaborada en el 2020 por el Instituto Canario de Igualdad.

Y sí: sé que la palabra *gordofobia* es de esas que te chirrían, de esas que te hacen poner los ojos en blanco mientras piensas «ya están con la tontería de la gordofobia, si es que no se puede decir nada en esta sociedad...». Ese es el claro ejemplo de lo que es la gordofobia.

La segunda acepción de la palabra *fobia* es: «Odio o antipatía intensos por alguien o algo», así que, sí, le vamos a seguir llamando *fobia*.

Porque que juzgues mi estado de salud sin conocerme,

... que creas que hay alimentos que yo no debería probar «porque con ese cuerpo...»,

... que te parezca imposible que alguien normativo y atractivo a tus ojos se fije en mí,

... que te hagan gracia las bromas que me humillan por mi cuerpo,

... que en la consulta médica no escuches mi dolencia y solo veas mi peso,

... que no sientas empatía cuando ves que no quepo en el asiento del metro y lo estoy pasando mal,

... que me grites por la calle para tratar de avergonzarme,

... que no hagas tallas para mí,

... que la prota de la serie nunca pueda ser gorda sin que la acompañen todos los estigmas sobre esa corporalidad,

... que sigas usando la palabra «gorda» como insulto,

... que mi cuerpo te frene a la hora de darme un puesto de trabajo para el que estoy capacitada,

... que consideres que mi cuerpo no puede ser deseable,

... que te rías de mí cuando me ves entrenar en el gimnasio,

... que te cueste creer que puedo amar mi cuerpo,

... que te irrite que muestre mi cuerpo en bikini o en ropa ceñida,

… que me hagas sentir culpable por cómo es mi cuerpo y me convenzas de que cambiarlo solamente es mi responsabilidad sin tener en cuenta todo lo que influye…

… ES GORDOFOBIA.

El problema de la gordofobia es que lleva tantos años bien camuflada en nuestra sociedad que ahora nos cuesta muchísimo aceptar la idea de que la estamos ejerciendo, y es algo que nos afecta a todos y a todas. Aunque las personas gordas seamos el principal foco sobre el que se ejerce, la gordofobia nos atraviesa a todos y todas, empezando por el miedo a engordar y seguido de todos los clichés y creencias que giran en torno a la gordura y que perpetuamos a nivel sistémico, en todas las áreas de la sociedad.

La gran mayoría de las personas tenemos gordofobia interiorizada, que es esa gordofobia no revisada, basada en lo que siempre ha sido así: «Pues si está gordo, que adelgace», «Comer esto no, que engorda», «Es que estar gordo no es sano», «Esta persona es muy guapa de cara», «Con ese cuerpo no debería vestirse así», «Hay que ver cómo se ha "dejado"», «Fulanita ha engordado»… No cuestionamos lo que hemos ido recibiendo durante años y nos sigue acompañando a día de hoy. No nos damos cuenta de que eso que nosotras hacemos casi por inercia puede estar influyendo muy negativamente a la persona que lo recibe.

Y esto tiene que parar. Al igual que han parado otras discriminaciones cuando nos hemos hecho conscientes de que no podíamos seguir así. La gordofobia está cada día más en boca de todos. Ya somos muchas activistas dando caña con el tema, mucha información ahí fuera sobre cómo afecta, sobre cómo ponerle remedio… Si queremos avanzar como sociedad hacia la empatía, no podemos seguir mirando hacia otro lado.

Mira, yo no te pido que ames la forma que tiene mi cuerpo. Para eso ya estoy yo y las personas que puedan y quieran hacerlo. Solo te pido que respetes quién soy y cómo soy. No sé qué es lo que te parece difícil de eso. Me impresiona mucho, leyendo los comentarios y mensajes de mis redes sociales en el contenido más divulgativo sobre gordofobia, que muchas personas siguen poniendo «peros» a nuestras historias: «No hay que discriminar a nadie, PEEERO es que estar gordo no es saludable», «Estoy segura de que esto lo han dicho por tu bien, porque estar gordo es un grave problema de salud»…

¿Cómo vas a desmentir algo que tú no has vivido? ¿Cómo vas a negar las experiencias de otras personas? Tú podrás tener tu opinión, podrás creer *esto o aquello* sobre lo que te estoy contando, pero no puedes negar algo que solo yo he vivido y que conozco mejor que nadie. No puedes intentar negar la historia de otra persona solo por tu incapacidad de pararte un segundo a cuestionar tus propias creencias. No puede ser que sigamos aceptando que a miles y miles de personas se nos niegue el derecho a existir y ser felices «porque tal cosa es una enfermedad» cuando, además, no lo es (hablaremos de eso más adelante, *don't worry*).

He decidido empezar el libro con este punto porque en él vamos a hablar de salud, de ciencia, de psicología, de emociones, de amor propio… Pero todas partimos de esa gordofobia que tenemos que esforzarnos en derribar. La gordofobia ha construido los muros de quien soy, me ha encerrado en sus paredes repitiéndome ese «aquí no cabes» que durante años ha retumbado en mi corazón. La gordofobia nos sigue matando día tras día, en cada mal diagnóstico que se nos da, en cada falta de pruebas que no se nos realizan por directamente mandarnos a perder peso, en cada bullying que acaba en suicidio… Esto no es ninguna broma.

La premisa para negar todo esto que te cuento siempre es «la salud». Como te digo, hablaremos de ello en este libro, pero vamos a ser totalmente honestas: ¿realmente nos preocupa la salud de las personas gordas? De ser así, ¿por qué seguimos recomendándoles dietas restrictivas que dañan gravemente su salud? ¿Por qué no tenemos en cuenta el impacto que nuestros juicios tienen en su salud mental? ¿Por qué no recordamos que el estigma de peso al que las sometemos genera un estrés que a su vez activa estados de inflamación muy perjudiciales en el cuerpo? ¿Es realmente la salud lo que nos preocupa? ¿O es una sociedad hegemónica, normativa, bella…, DELGADA? ¿O en realidad es no querer renunciar a los privilegios que me otorga esta sociedad por tener un cuerpo normativo?

Está claro que hay muchas personas que ni asumen que tienen un privilegio al estar delgadas ni tienen intención de perder ninguno de ellos para acoger al resto, y esto es algo de lo que también hablaremos en estas páginas. A mí me parece fantástico que lo que te cuento te parezca exagerado. Esa es la clara prueba de tus privilegios y de tu incapacidad para ponerte en mi lugar, porque esta sociedad te ha enseñado que, solo por tu corporalidad, tú ya estás en un lugar moralmente muy superior al mío. Si eres incapaz de dar valor a lo que cuento porque sigues pensando que un cuerpo gordo me quita cualquier credibilidad, criterio o fuerza de voluntad…, si este primer capítulo ya te ha hecho tener ganas de cerrar el libro y venderlo en Wallapop (a lo mejor ni llegas a leer esta frase)…, quizá es el momento de que revises precisamente todo esto que te estoy diciendo y pongas a prueba esas ideas sobre los cuerpos gordos que, probablemente, hoy te limitan.

Es demasiado fuerte tener que lidiar todos los días con comentarios ofensivos e hirientes sobre nuestra corporalidad. No hay derecho a tener que justificar tu existencia, a intentar convencer al resto de tus hábitos o tu forma de hacer: «No, de verdad, pero que yo como verdura», «Si a mí me encanta hacer ejercicio»… mientras te miran con esos ojos de «sí, ya, claro…». Solo por el hecho de existir, merezco un trato de respeto. Léelo bien: no te pido un trato de favor. Solo poder SER con total libertad:

Poder vestirme,

… poder comer,

… poder reír a gusto,

… poder llorar de alegría,

… poder hacer deporte por amor a mi cuerpo,

… poder liberarme de la culpa por ser como soy,

… poder ir al médico sin miedo…

¿De verdad sigues pensando que es normal negarme eso?

He dedicado un capítulo específico a hablar de la violencia estética y de cómo nos afecta a todas y todos, independientemente de nuestra corporalidad. Lo he hecho porque sé que muchas personas que han sufrido por su cuerpo sin estar gordas no entienden que nuestro activismo no las excluye, sino que nos da la voz que realmente merecemos alzar por y para todas.

Para que ninguna más odie su cuerpo.

Para que desaparezca el miedo a engordar.

Para que nadie más sufra por los comentarios que recibe.

Sin embargo, no podemos negar que hay una clara diferenciación en el trato a nivel social. Desgraciadamente, como dice el dicho, «tontos hay en todos lados», así que nadie está exento de poder sufrir comentarios por su cuerpo. No obstante, a nivel social todo lo que recibimos sobre los cuerpos favorece a la delgadez y a la normatividad, dejando en el lado opuesto a los cuerpos gordos.

Si todavía piensas que esto no es verdad y que no hay un trato más cruel y humillante hacia las personas gordas, te pido por favor que te tomes treinta minutos en ver este vídeo de mi perfil de Instagram en el que recojo cientos de experiencias de gordofobia en la consulta médica y que, si tienes un corazón latiendo en ti, no podrá dejarte indiferente:

Y a ti, que quizá me lees asintiendo con la cabeza, esperando que este mensaje llegue a las personas correctas y puedas sentirte menos encerrada en una sociedad tan opresiva como esta, quiero recordarte que estamos aquí. Que vamos a seguir alzando la voz por las que no pueden, por todas las niñas que fuimos y no pudimos defendernos. Déjame recordarte, tal y como haré a lo largo de todo el libro, que no hay nada en ti que merezca ser escondido o rechazado. Que el problema nunca ha estado en tu cuerpo, sino en cómo la sociedad nos enseñó a mirarlo.

Que eres maravillosa, mi amor, de verdad que sí.

Sigamos…

EL DESEO DE ADELGAZAR

Quieres adelgazar. Lo entiendo. El deseo de adelgazar nos atraviesa a todas, porque ¿quién iba a querer estar gorda en una sociedad que nos discrimina, humilla y culpabiliza? No puedo garantizarte que ese deseo de adelgazar desaparezca. En la pirámide de Maslow, cuyo estudio expone las necesidades humanas, la necesidad de reconocimiento está contemplada como una de ellas. Por tanto, en una sociedad que premia y otorga un reconocimiento a las personas delgadas, querer pertenecer es lo más humano del mundo.

Creo que mientras sigamos en una sociedad que mide el valor de las personas por su tamaño corporal, será muy difícil que nos deshagamos del todo de la idea de alcanzar un cuerpo concreto como sinónimo de felicidad. Tu deseo de adelgazar es legítimo y hasta lógico viviendo en el mundo que vivimos. A lo que quiero invitarte en estas líneas es a preguntarte qué vas a hacer con ese deseo de adelgazar, hasta cuándo vas a dejar que te gobierne. Que creas que perder peso te va a garantizar un mayor bienestar es absolutamente válido, pero quiero preguntarte: ¿estás realmente segura de que algo externo puede darte algo tan profundo como la felicidad? ¿Y después? Claro que a corto plazo ver esa parte de ti «mejorada» (me gusta más decir «adaptada a lo que socialmente se considera mejor») va a hacerte sentir una mayor satisfacción, pero ¿qué crees que pasará después? Que encontrarás otro defecto que cambiar, que probablemente seguirás sin sentirte cien por cien plena porque esa es la mayor meta de una sociedad basada en la tiranía de la belleza. Además, entra en la ecuación toda la información que ya tenemos con base científica sobre la pérdida de peso, la cual asegura que la pérdida de peso no es sostenible a largo plazo, ni siquiera con operaciones como la liposucción, la cirugía bariátrica, la abdominoplastia... Ya hay estudios que aseguran que se puede volver a recuperar el peso perdido y en las que, con el tiempo, se ve cómo el cuerpo impone los cambios lógicos y normales que necesita atravesar a lo largo de nuestra vida (cambios hormonales y emocionales, embarazos, menopausia...). Te invito a ver mis stories destacadas sobre el tema y las cuentas que te recomiendo en ellas para encontrar toda la información. Puedes acceder escaneando este QR:

Vivimos llevándole la contraria al cuerpo, cuando es el más sabio de todos y, como la naturaleza misma, siempre va a abrirse paso cuando y como lo necesite. Sé que habrá veces que sentirás que esa satisfacción momentánea te compensa frente a tener que convivir con partes de ti que te desagradan o a tener que trabajar día a día el amor hacia tu cuerpo.

No pretendo culpabilizarte. Creo que todas hacemos un esfuerzo titánico manteniéndonos firmes ante una sociedad tirana con nuestra apariencia, que precariza todas nuestras oportunidades, que mercantiliza con nuestros complejos… Vamos, que mucho haces ya. Que si sientes que necesitas modificar tu cuerpo y estás decidida a hacerlo, no voy a ser yo quien te señale con el dedito acusador. No soy quién. Tan solo te invito a que antes de hacerlo te cuestiones ese deseo, sabiendo de dónde viene, analizando cada pro y cada contra, para que dentro de que no lo puedas hacer desde tu máxima libertad (usamos mucho este recurso, pero realmente no somos libres en nuestras decisiones, nos supeditan todas las normas impuestas y aprendidas de la sociedad), al menos lo hagas con la mayor conciencia posible.

Creemos que adelgazar es una meta porque nos han vendido que es accesible y fácil para todo el mundo por igual. Nunca nos hemos cuestionado que, si realmente hubiera una fórmula mágica para perder peso, no existirían cientos y miles de dietas y programas de adelgazamiento. Habría uno solo y ese serviría para todo el mundo. Parece obvio, ¿no? Podemos entender que nos afecta la posición de la luna, que la Tierra gira alrededor del sol, pero no que la diversidad corporal existe y ha existido siempre, por lo que no es posible modificar los cuerpos a nuestro antojo. La dictadura del cuerpo perfecto llega a tal nivel de crueldad que nos hace completamente responsables de cómo es nuestro cuerpo. Si engordas, es tu culpa. Si no adelgazas, también lo es. Si te salen arrugas, estrías, celulitis, si no tienes el vientre plano, las caderas anchas (pero no mucho)…, algo hiciste mal.

Voy a decirte esto con el amor que me habría gustado que me lo dijeran a mí:

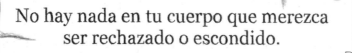

No hay nada en tu cuerpo que merezca ser rechazado o escondido.

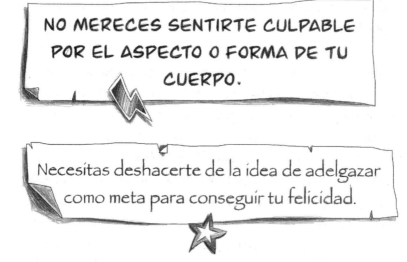

NO MERECES SENTIRTE CULPABLE POR EL ASPECTO O FORMA DE TU CUERPO.

Necesitas deshacerte de la idea de adelgazar como meta para conseguir tu felicidad.

Aceptar a nuestro cuerpo tal y como se ve hoy es quizá de las cosas más difíciles en una sociedad como esta, que nos invita a la disconformidad constante. Lo sé, y por eso insisto en que nunca jamás te diría esto culpándote por cualquier elección que tomes. El deseo de adelgazar nos atraviesa a todas y lo seguirá haciendo mientras la sociedad se encargue de decidir qué cuerpos son los más válidos y bellos y cuáles no son dignos ni siquiera de respeto. Si adelgazar fuera algo fácil y accesible a todo el mundo, todas las personas que caemos en trastornos de la conducta alimentaria y que hacemos todas las dietas habidas y por haber conseguiríamos ese cuerpo prometido sin ninguna dificultad.

En *Acepta y vuela* ya hablaba de ese discurso moralista de la gente cuando te dice «no, mujer, no es cuestión de matarte de hambre, solo es fuerza de voluntad y cambiar hábitos». Tú y yo sabemos que no es tan fácil. Tú y yo sabemos lo que cuesta ser feliz cuando decides poner esa opción en una báscula. Yo también deseé durante muchos años ser delgada, no me importaba el precio a pagar. Incluso a veces todavía lo deseo, claro que sí, porque ¿quién no iba a elegir el camino supuestamente fácil de la historia? A veces me cansa el rechazo, el juicio externo, el tener que justificar quien soy. Me cansan los mitos sobre mi cuerpo, las ideas erróneas, sentir que ninguna explicación será suficiente.

Entonces me doy cuenta de que, si ser delgada lo hace todo más fácil, ¿cómo es posible que las personas delgadas también tengan complejos? ¿Cómo es posible que deseen también modificar sus cuerpos? ¿Cómo pueden ser pacientes de TCA derivados de un odio inmenso a sus cuerpos? ¿No se suponía que la delgadez nos otorgaba la felicidad?

Efectivamente: NO. Pero de eso hablaremos un pelín más adelante, cuando nos toque atravesar el túnel de la violencia estética, ¿te parece?

Sé que todo esto es difícil de asimilar. Que no es fácil soltar el deseo de adelgazar y renunciar a ser de «la chupi pandi», ese grupo de personas no solo con un cuerpo socialmente más aceptado, sino cargado de unos privilegios a los que tú no puedes todavía aspirar. Deshacernos de todas esas normas para con nuestros cuerpos es trabajo duro, porque todo lo aprendido nos ha llevado a crearnos argumentos muy fuertes de «por qué» deberíamos adelgazar. Como te he dicho y te repito, estas páginas jamás pretenderán culpabilizarte por ninguna decisión que tomes. Está claro que tu cuerpo es tuyo, pero ya sabes que a mí me gusta rizar un poco el rizo y lanzarte esas preguntas incómodas que a veces nos toca hacernos.

Antes lo mencionaba: nuestras elecciones no son totalmente nuestras. O sea, que todo eso que hoy crees que te gusta o te disgusta no es algo que realmente hayas decidido tú libremente, sino que viene determinado por cómo has sido educada, por los mensajes que has recibido de la sociedad sobre lo que está bien o lo que está mal, las creencias de tu familia, los ideales que se te han inculcado... Tú vas forjando tu identidad, tus valores, tus preferencias y tus anhelos en relación a tu contexto. Es algo que debemos tener en cuenta y que muchas veces llega a asustarnos, porque darte cuenta de que algo que crees que decides por ti misma viene condicionado por lo que has aprendido y te han enseñado te hace verte como un ser humano menos libre de lo que pensabas. No se trata de fustigarnos ni de huir de esta realidad, sino de aceptarla y desde ahí ir construyendo con más conciencia quiénes somos o queremos ser, cuáles son nuestros valores y qué queremos hacer con nuestra vida, aunque a veces eso implique tomar decisiones que no sean 100 % nuestras.

Si soy consciente de que mis decisiones vienen condicionadas por todos estos factores que acabamos de mencionar, cada vez que me toque decidir algo podré cuestionarme en qué porcentaje es mi elección o si me estoy dejando llevar por la marea. No te preocupes, todas nos dejamos llevar por la marea en muchas ocasiones. Ya te lo he dicho: suficiente hacemos ya. Quiero decir, que no te martirices. En mi opinión, lo importante es hacernos preguntas incómodas, reflexionar antes de actuar: «¿Hasta qué punto quiero yo esto?». Habrá veces que tus anhelos más profundos sean los que te guíen, desde lo cual es más sencillo actuar. Otras, sin embargo, verás que son las normas sociales las que de alguna manera se están imponiendo por encima de ti y ahí hay dos opciones: habrá días que te sentirás con fuerza de pararte y decir «no, no quiero esto» y currártelo para acallar esa vocecita del «deberías», y otros en los que sencillamente aceptarás y asumirás que quizá no has decidido desde el lugar más «Yo», pero lo has hecho lo mejor que sabías en ese preciso instante. Y ya está.

Por eso, ante decisiones tan radicales como modificar el cuerpo, creo que es interesante que no nos dejemos llevar por todas esas voces externas y tengamos un momento con nosotras mismas de reflexión, de silencio, de manitas al corazón y preguntarnos «¿qué quiero yo realmente?». Porque no naciste queriendo adelgazar. No naciste odiando a tu cuerpo. No naciste buscando ser señalada por una sociedad tirana con los cuerpos y con la belleza. Y claro que luego puedes cambiar de opinión y hacer con tu vida lo que te plazca, pero... ¿de verdad hacerte daño y rechazarte es una voluntad innata en ti?

Mira, yo siempre he querido ser delgada. Siempre es siempre. Imposible no quererlo cuando prácticamente desde que tengo uso de razón he oído comentarios negativos sobre mi cuerpo. He estado años a dieta: más estrictas, menos, más nocivas para el cuerpo, más camufladas de «estilo de vida saludable»... Al final caí en un trastorno de conducta alimentaria que me acompañó once años de mi vida, un verdadero infierno, y al final llegó un día en el que, cuando me di cuenta de que algo no andaba bien y decidí pedir ayuda, entendí que no podía ni quería seguir sometiendo a mi cuerpo a más castigos por verse de una determinada manera. Que se acabaron los jugos imposibles de beber, las dietas imposibles de cumplir, las lágrimas frente al espejo, el odio, la rabia... Que yo no me merecía nada de eso y mi cuerpo, menos todavía. Mi cuerpo y el tuyo siguen ahí pese a todo por lo que les hayamos hecho pasar, qué mínimo que hacer una pequeña reflexión antes de seguir cuestionándolos.

Yo nunca conseguí estar delgada pese a todas las barbaridades a las que sometí a mi cuerpo, sencillamente porque este tiene un tamaño y forma que son los que son. Punto. Pero sí adelgacé mucho y conseguí un cuerpo que estaba bastante más cerca de la normatividad. Y no, no fui más feliz. Estaba realmente amargada porque no podía comer lo que me apetecía, les temía a muchos alimentos, no me podía mover y ejercitar por placer, sino por castigo, cancelaba planes sociales que tuvieran que ver con comida para evitar atracones y ansiedad, tenía unos cambios de humor terribles, se me caía el pelo, vivía ansiosa perdida, me mareaba constantemente... Nunca llegaba la felicidad prometida del adelgazamiento. Y claro que existirán personas que habrán adelgazado y mantenido esa pérdida de peso y eso les habrá dado una felicidad total.

Pero veamos dos cosas: primero, que sientas que un cuerpo más delgado te da la felicidad no es más que la clara prueba de cómo actúa la gordofobia en nosotras y cómo reduce nuestro bienestar a vivir lo más alejadas posible de los cuerpos gordos. La mirada externa nos valida y reconoce cuando adelgazamos, y ese reconocimiento es el que nos permite validarnos a nosotras mismas (cuando claramente debería ser al revés, luego hablamos de eso). *Tú me validas y yo me valido gracias a que tú me validas, así que gracias por validarme. No dejes de hacerlo o dejaré de validarme yo, je, je :)* Segundo, no pierdas de vista jamás que cada cuerpo es un mundo y que lo que a tu tía Lola le funciona no tiene por qué funcionarte a ti. Hay personas que adelgazan tras un proceso terapéutico, otras cuando cambian hábitos alimentarios por unos más saludables, otras cuando se mueven más y otras que no pierden peso nunca aun haciendo todo eso y teniendo unos hábitos maravillosos.

CADA CUERPO ES ÚNICO. Dejemos por favor de obviar la realidad tan clara de que hay tantos cuerpos como personas en el mundo y de compararnos con la vecina del 5.º B que se ha quedado «hecha un figurín». A saber qué contexto tiene la vecina del 5.º B, cómo se encuentra y cómo está su cuerpo por dentro. Recuerda que nada es lo que parece. Lo que vemos a simple vista es un espacio chiquitito de la vida del otro.

Yo no fui más feliz cuando adelgacé. Hoy en día peso mucho más que en otros momentos, pero tengo unos hábitos de salud infinitamente mejores y me encuentro más plena y feliz que nunca. ¿Te estoy invitando a engordar? ¿Es esto el claro ejemplo de apología de la obesidad que mis haters necesitan? No.

Te invito a reconciliarte con tu cuerpo, sea cual sea su forma. A dejar de castigarlo por verse de una determinada manera. A dejar de odiar la imagen del espejo. A no seguir pasando hambre, mareándote, cancelando planes, sintiendo vergüenza de mostrarte, pensando que nadie te va a querer por cómo te ves. Te invito a darle a tu cuerpo lo mejor, porque sabes que es lo que se merece. A alimentarte de forma saludable, con alimentos que lo nutran, lo sacien y le sean apetecibles. A moverte por el mero placer de moverte, por sentir todo ese subidón que le da a tu cuerpo un ratito de movimiento gracias a la liberación natural de endorfinas, unas hormonas majísimas que están encantadas de reducir la sensación de dolor, incluso con efectos ansiolíticos, solo con un poquito de autocuidado y mimo. Te invito también a tener relaciones personales sanas, porque sabes que eso nutre a tu corazón. A dejar de compararte con la de al lado, porque entiendes que ella también tiene sus movidas. A cuidarte por amor a ti. Porque te deseas lo mejor. Porque sabes que eres única e irrepetible y te mereces todo lo bueno. Y todo eso, independientemente de cómo sea tu cuerpo hoy o cómo termine siendo mañana. Porque sí. Sin más razón que porque te mereces una existencia placentera.

Y claro que, en medio de esa reconciliación con el cuerpo, hay días en los que la distorsión y esa imagen corporal, condicionada por un sistema que nos enseña desde bien pequeñas a cómo mirar los cuerpos, hacen temblar los cimientos. Son esos días de los que hemos venido a hablar aquí: esos en los que cuesta mirarte con amor, donde desearías que todo fuera más fácil. Esos días existen y van a seguir existiendo mientras esta sociedad esté construida de la forma en la que está. Por eso es tan importante que trabajemos en nosotras mismas y nuestra aceptación: porque, aunque vamos avanzando, queda mucho camino por recorrer.

Tú te puedes trabajar mucho y querer *que lo flipas*, pero sales a la calle y te sigues encontrando el rechazo, el juicio, la mirada, el cuestionamiento. Sé que quizá a veces peco de soñadora, pero me mantengo firme en la creencia de que debemos confiar en que cada logro individual, por pequeño que sea, conseguirá generar un cambio colectivo mucho más grande. Porque cuanto más nos amemos, cuanto menos rechacemos nuestros cuerpos, cuánto más cuestionemos la gordofobia a nuestro alrededor, más libres seremos de todos los mandatos de esta sociedad y conseguiremos que a todo este sistema se le acabe el chollo de castigar a nuestros cuerpos.

Y sí, voy a insistir una vez más para que quede megaclaro: no me pareces menos válida si decides operarte o iniciar cualquier cambio en ti. Ya te he dicho lo valiente que me parece que sigas ahí, al pie del cañón, estando el mundo como está. Si sientes que hacerlo va a cambiar radicalmente tu perspectiva sobre ti y va a ayudarte en tu camino, por favor, adelante. Pero antes yo te invitaré siempre a que te tomes ese momento de reflexión en el que saber hasta qué punto eres dueña de tus decisiones y hasta dónde quieres llevar a tu cuerpo para que el exterior lo valide como normativo. Piensa la de barbaridades a las que lo sometemos solo para que la mirada externa nos apruebe y, desde ahí, aprobarnos nosotras. Ya sabemos, sobre papel, que las dietas no funcionan a largo plazo. Que más del 95 % de las personas recuperan el peso perdido. Que son uno de los principales factores de riesgo para desarrollar un TCA (trastorno de conducta alimentaria). Ya sabemos que la pérdida de peso no nos va a acercar ni a un mayor bienestar ni a una mejor salud, como mucho a una satisfacción momentánea. Una vez hayas hecho esa reflexión y sepas hacia dónde te diriges, la elección es y será siempre tuya.

Pero, por favor, date la oportunidad de hacer las paces con tu cuerpo. Permítele ser, en su forma y tamaño, libre, como realmente ha venido a ser. Demuéstrate lo capaz que es, seguramente mucho más de lo que te han hecho creer. Entiéndelo como un ser cambiante, no estancado, que fluye con los cambios que suceden a tu alrededor y te protege de todos ellos. ¿Realmente crees que has venido a ser esclava de un cuerpo que ha decidido tener una forma concreta para torturarte?

Tú y yo sabemos que la vida no puede ir de eso. Y sí, lo sé. Sé que todo esto puede haberte generado mucha resistencia. «Yo tengo que adelgazar por salud», «Cuando adelgace seré feliz porque tendré mejor autoestima», «Con este cuerpo nadie me va a querer»… Me las sé porque las he dicho todas, pero aquí estoy yo para derribarlas una a una.

TE ROMPO EL MITO

CON ESTE CUERPO NADIE ME VA A QUERER

Mira, somos ocho mil millones de personas en el planeta Tierra. Dios sabrá cuántas más en el resto de los planetas. No sé quién te ha hecho creer (bueno, en realidad sí lo sé) que no eres digna del amor de ninguno de esos ocho mil millones. Aprende una cosa: APORTA O APARTA. No quieres en tu vida personas que te quieran a medias. Y si hoy crees que es mejor tener a alguien que te quiera a medias porque «es lo que mereces», déjame decirte que estás completamente equivocada. Para empezar, uno de los grandes regalos que te hará el trabajar en tu amor propio es que sabrás reconocer tan bien tu valía que no te atreverás a ponerte otra vez en tela de juicio y, en el caso de que lo hagas, el lugar será muy diferente y el resultado al hacerlo también. Una metáfora preciosa que propone Adri (@adri. gimeno) en la supervisión de este libro es: «La compasión es terreno fértil, la culpa terreno inerte».

Eres un ser humano espectacular. Sí, me da igual no estar viéndote. No necesito ver cómo es tu cuerpo para determinar eso. Ese cuerpo que hoy crees poco merecedor de amor es tu templo, es el hogar de tus emociones, de tus órganos, de tus sentidos. Es el que te ha traído hasta hoy y te ha ayudado a convertirte en ese ser humano brillante que sostiene mi libro. Y la persona que no sea capaz de ver tu luz a través de tu talla es precisamente la que no merece tu amor. Ahí fuera hay muchas personas dispuestas a ver tu luz, pero ¿sabes algo?, primero tienes que encenderla. Llevas años tapándola con complejos, con inseguridades, con el ruido de afuera, con los miedos al «qué dirán»… Y eso no significa ni que sea fácil hacerlo ni que no habrá personas que te querrán aun cuando tú no te quieras. Todo lo contrario. Yo misma he tenido personas a mi alrededor que me han enseñado a quererme a través del amor con el que me sabían mirar, cuando yo no era capaz de hacerlo. Pero ellas te acompañan hasta que tú estés lista para darle al interruptor. Tienes que dar ese paso en algún momento. Reapropiarte de tu luz, volver a verla, saber que está ahí. Porque reconocer tu luz no solo te hará quererte tal y como eres, sino poner límites a quien no sepa hacerlo y decidir quién sí, quién no y quién nunca. Tú te crees que, entre ocho mil millones de personas, ¿vas a tener que quedarte con quien no te sepa VER? Tú no mereces eso, y es momento de que te lo grabes a fuego.

Vivimos en una sociedad que estipula cuándo tener pareja, cuántos amigos tener, cada cuánto socializar… Recuerda que puedes elegir si formar parte de esas normas o no. No necesitas que la gente te quiera para ser. Claro que las relaciones personales son importantes, como buenos animales de manada que somos, pero no a cualquier precio. Mereces relaciones que te nutran, que te impulsen a volar, que te admiren por quien eres. Y si tú te vas a entretener con la persona que está tan sumamente intoxicada de la información de fuera, que es incapaz de ver más allá de lo aprendido, estarás perdiendo el tiempo y haciéndote mucho daño a ti misma.

Si alguien «no puede quererte» por cómo se ve tu cuerpo, hace bien en marcharse, porque en realidad no te quiere, quiere a una imagen irreal de ti que ha construido en su mente. Tú mereces el mayor de los amores, mereces una persona que te mire y te vea, alguien que te desee, te inspire a ser mejor y te impulse en los días regulares.

Y te prometo que esas personas existen.

Existen personas que desearán tu cuerpo, aunque a ti te parezca una locura hacerlo.

Existen personas que acariciarán con amor esas partes de ti que hoy desprecias.

Existen personas que te amarán por quien eres, en tu totalidad.

Existen personas que no entenderán cómo puedes castigarte por ser como eres.

Piensa lo fuerte que es que esté intentando convencerte de que «sí, no te preocupes, a alguien le gustará tu cuerpo»… ¿QUÉ DEMONIOS? Eres un pedazo de cielo, una diosa, tu cuerpo es espectacular: su forma, su tacto, cómo se mueve cuando bailas, el brillo de tus ojos, las arrugas de tu cara al sonreír… Permítete dos cosas: la primera, aprender a verte de esa forma, valorando cada parte de ti. Necesitas cultivar ese amor hacia ti misma, por muy jodido que lo ponga la sociedad ahí fuera. Hacia eso voy a intentar guiarte con este libro. Y la segunda, aunque todavía no tengas claro cómo poner límites o crear entornos seguros, asegúrate de alejar de tu vida a todo aquel que te desprecie, te humille y te ridiculice por cómo se ve tu cuerpo. Esa sí que es la gente que merece la pena perder.

Existe la posibilidad de que no hayas tenido pareja o no hayan funcionado tus relaciones porque no han sabido verte o tú no te hayas dejado ver. Porque…, ¿tú te ves? ¿Ves tu esencia? ¿Tus virtudes? ¿La maravilla de persona que eres? ¿La luz que desprendes? ¿Lo bonito que haces el mundo con tu existencia? ¿Tu propósito de vida? ¿O solo ves un cuerpo gordo que no merece ser amado? Lo sé, es una de las preguntas más jodidas que vas a tener que hacerte.

Siéntete merecedora de todo el amor del mundo. Necesitas empezar por ahí. Siente tu cuerpo como el maravilloso vehículo que te ha traído hasta aquí. Ten conciencia de lo especial que eres. ÁMATE TÚ. Cuando alguien te VE y te AMA de una forma genuina, ama cada parte de ti. Te ama con todo. Pero no todo el mundo sabe ni está dispuesto a hacerlo. No aceptes menos de lo que mereces. Para recibir amor de calidad, tenemos que saber qué amor nos hace bien, qué sí y qué no. El único amor que es capaz de mostrarnos eso es el amor propio, así que siéntete merecedora de recibir amor, empezando por el tuyo a ti misma. No dejes algo tan importante en manos de otras personas. Chao, migajas.

Tú, por el mero hecho de existir, mereces el mayor amor del mundo. No te conformes con menos.

TENGO QUE SER PERFECTA

Ajá, entiendo… Empecemos por lo primero: ¿qué es para ti ser perfecta? Y, por otro lado: ¿perfecta para quién? ¿Para tu jefe? ¿Tu pareja? ¿Tu familia? ¿Tus hijos? ¿La sociedad? ¿De quién son esas expectativas que esperas cumplir al alcanzar la perfección?

¿Quién determina qué es ser perfecta?

Si ser perfecta implica hacer, hacer, hacer y ni acercarte a ser, ser, ser…, ahí no es. Y te lo dice una que va a terapia todas las semanas para «desintoxicarse» de la perfección. Si tu idea de perfección es hacer cuantas más tareas mejor, verte de una manera determinada, vestir a la moda, gustar y complacer a todo el mundo, reprimir cualquier emoción que no sea la alegría, ayudar a los demás... ¿DÓNDE ESTÁS TÚ? Porque ahí solo veo tareas que van dirigidas al otro, al de enfrente. ¿Y tú? ¿En qué lugar de tu vida te pones a ti?

Piénsalo, crees que «ser perfecta» tiene que ver con una imagen que... ¿determina quién? ¿Tú naciste «necesitando» esa imagen? Apuesto a que no... Así que empieza por esta reflexión. Qué parte de ese anhelo de perfección es tuyo y cuál es el que has aprendido después de tantos años socializando en este mundo.

Además, ¿qué es ser perfecta? ¿Que tu cuerpo luzca de una manera? Okey, ¿y luego? Porque tendrás el cuerpo, pero entonces no te gustará un rasgo de tu personalidad, o tu carácter, o tu forma de hacer las cosas... O entonces no tendrás el trabajo de tus sueños, ni la pareja de tus sueños, ni la casa con jardín y perros monísimos que debes tener para ser perfecta... No necesitas ser perfecta. Me lo digo también a mí misma, aunque en mi caso ya no lo atribuya al cuerpo. Se vale ser un ciudadano mediocre o raso.

Necesitas ser tú.
Con lo que eso signifique.

Necesitas ser tu lugar seguro, donde nada de ti sea castigado por su forma o su hacer. Todos esos «debería» y esos «check» que nos ponemos cuando cumplimos lo que los demás esperan no nos definen en absoluto. Permítete cagarla y aprender, porque el aprendizaje es imposible sin la existencia del error. Deja de caminar por la vida de puntillas y sin pisar el barro, solo para que quien te mire considere que «ah, sí, mírala, es realmente perfecta». Porque ¿sabes algo?, para uno serás perfecta y para el de al lado no serás suficiente. La perfección, al igual que la belleza y tantas otras cosas, es enormemente subjetiva.

Estoy segura de que, el día que me vaya de este mundo, nadie dirá «hacía unos espaguetis riquísimos» o «qué limpia tenía siempre su casa» o «qué bien respondía los mails»... Sin embargo, me enorgullece saber que parte de ese trabajo interior para dejar de querer ser perfecta implica saber que, con todas mis múltiples imperfecciones, puede que la gente piense en mí y recuerde mi bondad, mi generosidad, mi carácter, mi sentido de la justicia, mi lealtad o mi amor incondicional.

Sé que las actividades que te propongo pueden ser difíciles, algunas pueden chocar con tus propias creencias, pero te garantizo que tomarte todos estos instantes puede ser muy revelador en tu proceso, así que te invito a hacerlo.

Piensa ahora con qué merece más la pena que se queden de ti. Tómate unos minutos para escribir en en la hoja de la página siguiente cinco cosas bonitas de ti que te gustaría que recordasen el día que no estés.

*¡Ey! Y si no puedes hacerlo ahora, dobla la esquina de esta página y vuelve aquí cuando lo necesites y quieras :)

NO PUEDO QUERER A MI CUERPO PORQUE ESTÁ ENFERMO

Muchas veces he leído a personas que dicen no poder amar su cuerpo porque este está enfermo o se sale de la normatividad. Para empezar: ¿qué diablos es la normatividad? ¿Cuatro normas que alguien decidió e impuso? Es absolutamente necesario luchar por una sociedad en la que todas las personas y sus realidades tengan cabida para que, si tienes que moverte en silla de ruedas, encuentres tu lugar sin sentirte excluido. Para que, si tienes cualquier mancha en la piel, cicatriz o herida, dejes de sentir las miradas punzantes de la gente. Me duele pensar que todo eso te haya llevado a sentir que no hay nada que agradecerle a tu cuerpo y, desde mi privilegio, solo quiero intentar acercarte a una mirada más compasiva hacia ti misma.

Entiendo que convivir con una enfermedad, mucho más cuando es crónica, es muy complejo. Es normal que aparezcan esas sensaciones de «¿por qué a mí?» y «¿hasta cuándo?», pero lo primero que te invito a pensar es cómo tratarías o tratas a las personas que conoces que están enfermas. ¿Crees que ellas merecen menos amor por su estado de salud? ¿Crees que merecen sentir rechazo hacia su cuerpo por ello? Probablemente respondas que no. En cambio, sí lo permites hacia ti misma. Ese es el nivel al que llega la tiranía con nuestros cuerpos: a hacernos pensar, desde los discursos salutistas y capacitistas, que si nuestro cuerpo reúne determinadas características merece más amor y respeto que otros.

Observa esto desde fuera: por si sentir dolor, tener que someterte a duros diagnósticos y largos tratamientos, no fuera suficiente…, vamos a añadirle la rabia y el rechazo a tu cuerpo por estar pasando por eso. Está claro que muchas veces va a haber cosas de la vida que no vamos a entender, cosas que se van a escapar de nuestro control, que van a poner a prueba nuestra paciencia y nuestra fortaleza. De ahí no vamos a poder escapar. Lo que sí sabemos a día de hoy es que nuestra actitud ante lo que suceda en la vida juega un papel crucial y que muchas enfermedades (no me atrevo a decir todas, porque asumo lo delicado que es este tema) tienen un componente emocional brutal que también necesitamos atender. Eso no quiere decir que seas responsable directa de tu enfermedad ni que todo sea tan sencillo como trabajar tus emociones, *ojo, cuidao*. Sé de buena mano que no es así. Pero la ciencia ya ha probado que la ansiedad y el estrés juegan un papel fundamental en los estados de inflamación que pueden provocar enfermedades tan graves como el cáncer, ya que ambas producen la liberación de cortisol para ayudar al cuerpo a sostener la tensión del momento, y la exposición al cortisol a la larga tiene graves consecuencias físicas (podéis encontrar mucha información científica sobre esto en el libro *Cómo hacer que te pasen cosas buenas* de Marian Rojas, os lo recomiendo).

Por lo tanto, lo que sí podemos tener claro es que cómo nos tratamos tiene un impacto directo en nuestra salud y bienestar. Por ello, si hoy tu cuerpo no tiene el estado de salud óptimo que te permitiría llevar una vida más plena y funcional, sigue sin ser motivo suficiente para que te trates con desprecio. Abrázate, a ti y a tu dolor, escucha a tu cuerpo y ámalo pese a cualquier circunstancia. Sé que es muy fácil hablar desde mi privilegio de no vivir con un dolor continuo o con un mal diagnóstico de salud, pero sí he estado ahí y ahora pienso lo diferente que habría sido vivir mi dolor desde un lugar más compasivo en vez de culpar a mi cuerpo por estar «defectuoso». Si nos fijamos, hay muchas personas que tienen una condición para toda la vida (diagnósticos incurables, discapacidades...) y transmiten mensajes esperanzadores, cargados de alegría y paz con sus cuerpos. Realmente han tenido que hacer un gran trabajo para llegar a ese lugar, atravesando la impotencia y rabia iniciales que pueden generar situaciones de este tipo, pero ellas dejan claro que vivir en un estado de alegría es una elección diaria y personal que podemos entrenar para pasar por encima de cualquier dificultad, aunque sigan doliendo, ya que no serán pocas las que tengamos que asumir a lo largo de nuestra vida. Porque siempre habrá cosas que no podremos cambiar y que serán una mierda. Así, sin purpurina. Una mierda enorme que ojalá no existiera. Pero existe, así que ¿cómo vamos a elegir vivir con ello?

El resumen de todo esto es que quiero que empieces a convencerte de que no hay ninguna razón en el mundo por la que merezcas tratar mal a tu cuerpo y, por ende, a ti misma. A ver, si eres un asesino en serie o has cometido atrocidades en tu vida, quizá un poquito de reflexión y autocrítica te vendría bien, pero en el resto de los casos..., deja de pensar que hay algo mal en ti. Da igual tu condición, tu corporalidad, tus defectos, tus heridas... Mereces tratarte y ser tratada con respeto y con amor. Es algo que se entrena, no implica que sea fácil, pero tampoco imposible. Deshazte de las ideas absolutas de «lo mío no tiene remedio», «yo me resigno a vivir así», ya que son un boicot silencioso de tu mente que te impide avanzar y evolucionar. Traspasar esos estados emocionales difíciles te permite darte cuenta de que la vida te está esperando.

Te mereces otra cosa, te lo prometo.

«Yo tengo que adelgazar por salud».

Déjame preguntarte: ¿qué es salud para ti? Porque la salud, según la OMS, es el «estado de completo bienestar físico, mental y social y no solamente la ausencia de afecciones o enfermedades», por lo que el bienestar completo o un estado saludable se ve diferente en cada persona.

La salud tiene puntos genéricos, pero en cada persona se vive de una forma o de otra. El tipo de alimentación que para mí es saludable para ti puede no serlo. Mi forma de moverme puede que a ti te parezca la peor. El ocio que a mí me gusta a ti puede horrorizarte… Y todo eso en lo que tú discrepas significa salud para mí.

Lo que está claro es que debemos buscar hábitos y comportamientos que nos sean beneficiosos, de ahí que la salud sea algo mucho más personal de lo que nos han hecho creer. La cosa es que, para conocer lo que para mí es bienestar, necesito escucharme y atenderme, ignorando el ruido de fuera, que es precisamente de donde vienen todos esos mensajes sobre salud, sobre lo que está bien, lo que está mal… O sea, que aquello de lo que tengo que alejarme para saber qué necesito es precisamente lo que me dice qué necesito, según su parecer… ¿Ves lo curioso que es?

La cuestión aquí es quién se ha encargado de reducir el concepto de salud a dos únicos aspectos: alimentación y ejercicio. Ajá, ahí está, nuestra amiga la cultura de la dieta. Aplausos para ella.

Si escaneas el siguiente QR, podrás acceder a la página «Determinants of Health» en la que aparece la rueda con todos los factores que intervienen en nuestra salud y su distinto grado.

Claro que la alimentación y el ejercicio son importantes, porque le aportan bienestar a nuestro organismo, pero si obviamos el descanso, el contexto socioeconómico y cultural, la calidad de las relaciones personales y nuestro gran amigo el estrés, tenemos el trabajo a medias. El estrés, como ya he mencionado, tiene un impacto supernegativo en el organismo por el cortisol que se libera y por los estados de inflamación que provoca y que a su vez causan muchas enfermedades. Y como te contaba en mi anterior libro, ¿sabes una cosa que genera muchísimo estrés? Someterte a la crítica constante, al juicio y la humillación por tu cuerpo, a no caber en las sillas, a sentir que el médico no te va a creer cuando le digas cómo te encuentras, porque reducirá tu dolencia al tamaño de tu cuerpo… En definitiva, el estigma de peso y la gordofobia impactan de forma negativa en nuestra salud. Y ahí seguimos, alimentándolos.

Por eso, en este momento te invito a responsabilizarte de buscar durante el día esos momentos de paz, de calma, de relax, que te permitan contrarrestar esos elevados periodos de estrés y de liberación de cortisol al que nos somete esta sociedad y su día a día. Lamentablemente, no vamos a poder cambiar la sociedad de un día para el otro, pero sí podemos tomar decisiones individuales que nos alejen del ruido. En este libro, iré dándote todos los ejemplos que a mí me han funcionado.

Y lo primero que voy a decirte en cuanto a esto es: salud no es nada que tenga que ver con CASTIGAR a tu cuerpo. Si realmente quieres mirar por tu salud, toma las decisiones que consideres oportunas desde el mayor AMOR a tu cuerpo. Porque si no nacen de ahí, permíteme decirte que no vas a cuidarte ni a velar por tu salud. Matarte de hambre, vomitar, castigarte en el gimnasio por «comer de más», no darte espacio para disfrutar, no atender tu salud mental… NO ES SALUD. Ten eso claro antes de nada.

Por otro lado, la pérdida de peso que se produce por la restricción y en un corto periodo de tiempo no es sostenible a largo plazo. Ya lo sabemos. Por eso no puedes verla como una meta, sino más bien como una POSIBLE consecuencia. Una consecuencia de ciertos cambios en tus hábitos o meros cambios en tu vida, la cual no es lineal, y por eso tampoco tiene que serlo tu cuerpo.

Imagina que quieres mejorar tus hábitos de alimentación porque te sientes desconectada de tus señales de hambre y saciedad, porque quieres incorporar alimentos más nutritivos a tu dieta o porque quieres encontrar otras herramientas para gestionar tu ansiedad. Imagina que quieres empezar a moverte más porque tu vida es algo sedentaria o te apetece reparar esa mala sensación que la cultura del fitness te ha impuesto en relación al movimiento. Imagina que empiezas a meditar antes de ir a dormir para conciliar mejor el sueño, que aprendes a atender y gestionar tu ansiedad, que rebajas tus niveles de estrés, que pones límites a personas y cosas que te hacen daño, que tu estado general pasa a ser de mayor calma y bienestar. TODO ESO es lo que te va a acercar al estado de bienestar que ansías, pero nada tiene que ver con que adelgaces o no. Algunas de esas cosas pueden repercutir en cambios corporales, porque todo lo que vivimos nos atraviesa el cuerpo. Puedes subir y bajar de peso, tener menos tensión muscular, que por el contrario de repente aparezcan muchos dolores por estar «sacando todo» o que no pase absolutamente nada. Y cualquiera de ellas está bien.

Los cambios en el cuerpo PUEDEN SER una consecuencia más de tu bienestar, pero, si quieres tratarte con verdadero amor, deja de perseguir esos cambios como meta final, porque esa idea solo va a seguir aferrándote a las creencias de que tu cuerpo está mal, de que hay un cuerpo mejor que el tuyo y de que ese «cuerpo mejor» debe ser tu verdadero objetivo vital. Puedes encontrarte mejor, puedes mejorar tus parámetros de salud y aumentar tu bienestar sin perder peso. Sí, puedes. Y ahí fuera hay mucha evidencia que ya lo garantiza.

Sé que este tema es muy controversial porque los mensajes son muy contradictorios desde distintas fuentes. Te invito, y lo haré siempre, a informarte. También a encontrar qué necesita tu cuerpo y qué puedes darle para que se sienta mejor. Escúchate, conócete, explórate. Por lo pronto voy a dejarte el QR a un vídeo de la nutricionista Raquel Lobatón que creo que puede arrojar un poco de luz en este tema de «adelgazar por salud» y cómo impactan en nuestra salud el estigma de peso y la gordofobia:

CUANDO ADELGACE SERÉ FELIZ PORQUE TENDRÉ MEJOR AUTOESTIMA

Mi amor, déjame decirte que la felicidad nunca va de afuera a dentro. Lo exterior puede darte un placer o satisfacción momentánea, pero no va a poder garantizarte ser feliz, porque la felicidad es un estado al que llegamos cuando nos sentimos en plenitud y calma con distintas piezas de nuestra vida.

La autoestima es la reacción emocional al autoconcepto, que es la construcción mental de lo que somos (*autoestima = valoro lo que he creído que soy, y lo que he creído que soy es = autoconcepto*). Esa definición de lo que somos está muy influenciada por lo que nos han dicho que somos, por las creencias y normas de afuera, por lo tanto, para tener una buena autoestima primero hay que poner en duda lo que nos han dicho que somos, luego poner en duda lo que nosotras mismas nos hemos dicho que somos, y por último querer y respetar lo que somos, a pesar de todo eso que acabo de mencionarte.

Esa frase de «quiérete primero para luego abordar la pérdida de peso desde otro lugar que no sea el rechazo a tu cuerpo» es una trampa más que nos ponemos con el mismo fin: seguir rechazando nuestros cuerpos y sintiendo la delgadez como la meta a alcanzar.

No, una buena autoestima no te va a hacer abordar la pérdida de peso desde un lugar mejor. La pérdida de peso va a seguir siendo un proceso arduo, muchas veces conflictivo, que seguirá despertando en ti la culpabilidad por «no hacerlo suficientemente bien», que te hará pensar que algo está mal en ti cada vez que no consigas el resultado esperado en la báscula. Cuando inicias el camino del amor propio, cuando sanas tu autoestima y la reparas de tantas heridas, cuando entiendes cómo funciona este sistema gordófobo y observas la crueldad a la que somete a los cuerpos, lo último que quieres es llevar a tu cuerpo a otro proceso doloroso para él.

Mientras los cambios que apliques a tu vida vayan enfocados a un cambio corporal, estarán guiados por la gordofobia interiorizada que te hará creer que tu cuerpo está mal y que hay un tipo de cuerpo que sí está bien.

Estas ideas de que a través de la aceptación y la autoestima la pérdida de peso se aborda desde un lugar más compasivo suelen venir o bien de empresas que se dedican al tema y les interesa que creas este argumento para comprar sus productos (es decir, Realfooding y toda su pandilla), o bien de personas que siguen teniendo esa gordofobia interiorizada y, aun pudiendo tener un cuerpo gordo, en su interior siguen pensando que el «cuerpo ideal» es alcanzable. Insisto: tu deseo es totalmente legítimo y lógico viviendo en la sociedad que vivimos, pero es necesario que deconstruyas todo eso y construyas unas creencias funcionales sobre el cuerpo que te permitan coexistir contigo misma desde un lugar de calma y amor. No todo el mundo puede perder peso y mantenerlo en el tiempo. Ya está. ¿Podemos entender esto y avanzar?

El cuerpo ideal es el que está vivo. Es el que te ha permitido vivir hasta hoy, con el que sostienes este libro, a pesar de todos los castigos que hayas podido darle y todo el peso que cargas en tu mochila de vida. El cuerpo ideal es aquel que está nutrido, que es fuerte, que te permite reír a carcajadas, emocionarte en una boda, llorar escuchando a Belén Aguilera, bailar con tu gente querida, abrazar fuerte, besar con pasión…

Como te decía, es imprescindible deconstruir las creencias que tenemos con los cuerpos para empezar a verlos tan cíclicos y cambiantes como la vida misma y deshacernos de esas metas muchas veces inalcanzables que solo nos mantienen en la disconformidad corporal y en las posibilidades del futuro, obviando el presente. Deconstruir nuestras creencias no es tarea fácil, requiere de mucha escucha y mucho cuestionamiento, pero sí puedo compartir cosas que te permitirán contarle otra cosa a tu mente (y a lo largo del libro iré compartiendo más): leer, ir a terapia, meditar, la escritura terapéutica, mucha escucha… son acciones que te permiten empezar a cambiar las cosas que pasan en tu interior. Iremos viéndolo en estas páginas.

No soy una persona que se arrepienta del pasado porque soy consciente de que todo lo vivido es lo que me ha traído hasta aquí, pero debo reconocerte que cuando miro al pasado y recuerdo todo el tiempo que viví «de prestado» sintiendo que hasta que no tuviera un cuerpo diferente, no podría permitirme ser feliz…, me da una pena tremenda. Por supuesto, más que un tiempo perdido es un tiempo que invertí mal, pero que me ha servido para saber todo lo que sé hoy. Anda, ahórrate ese tiempo por mí. Cuídate POR AMOR A TI. Mejora todo aquello de ti misma (no hablo físicamente, que te conozco, mi niña) POR AMOR A TI. Todo lo que mejores a nivel de hábitos o de salud va a repercutir de una forma espectacular en tu bienestar, pero no necesariamente va a venir acompañado de una pérdida de peso. Sé que duele aceptar esta idea, pero es el primer paso para dejar de perpetuar en ti esos deseos que pueden causarte tantísima frustración y culpa.

Mira, cuando empecé a recuperarme de mi TCA de forma comprometida, me aferré a la idea de que después de la ganancia de peso ideal, mi cuerpo se estabilizaría en un lugar más delgado para siempre. Exacto, yo también perseguí esa idea de que «cuando me quiera y sane todas mis heridas, mi cuerpo sencillamente se desinflará como un globo y se deshará de todo lo malo, dejando paso al *cuerpazo* que siempre quise tener». Y claro que conozco gente a la que le pasa, por supuesto que sí. De ahí la importancia de entender que todo lo que vivimos a nivel emocional y mental atraviesa cada rincón de nuestro cuerpo. Pero no siempre va a pasar. Mi cuerpo ha atravesado varios cambios desde que empecé la recuperación. Primero tuve la ganancia de peso totalmente normal y evidente de cuando dejas de restringir. Después parecía que adelgazaba un poco…, volvía a subir (todo eso siendo analizado a simple vista, porque hace años que no tengo báscula en mi casa), hasta que se quedó en un punto bastante estable en el que llevo ya algún tiempo. Aun estando en ese punto «estable», mi cuerpo no es el mismo un martes que el domingo de esa misma semana. Básicamente porque avanza junto a un ciclo menstrual y un ritmo de vida que agárrate. Entender todo eso es lo que te hace el trabajo de aceptación y amor propio. Ya no necesito que mi cuerpo llegue a un lugar que yo considero el correcto porque sé que mi cuerpo, en toda su complejidad, ya es correcto. La idea de que mi cuerpo pueda ser incorrecto no es mía ni lo ha sido nunca. Yo no amanecí una mañana odiando el reflejo del espejo, sino que me enfrenté a un sistema que me enseñó cómo eran tratados los cuerpos como el mío y me puso en la tesitura de decidir si quería ser libre o vivir encarcelada en la presión de ser aceptada, costara lo que costara.

Trabajar tu aceptación, tu autoestima y tu amor propio (sin olvidarnos de observar y entender cómo funciona el sistema y la gordofobia a la que somos sometidas) te hará percibir tu cuerpo desde un lugar de compasión y cariño que probablemente nunca antes hayas experimentado. Y no, no todos los días te gustará todo de él, pero lo reconocerás como válido y capaz, a pesar de todas esas ideas que puedan seguir en ti. Ideas que escucharás, que sabrás de dónde vienen y que desde ahí podrás decirles «estoy al mando», para seguir con tu día tomando decisiones con el mayor amor a ti.

Piensa en esa voz que te dice todas estas cosas sobre tu cuerpo y la delgadez. En mi caso es Anita, la voz de mi TCA y de todas esas creencias sobre la delgadez que vienen a acecharme de vez en cuando. Esta técnica la aprendí en terapia y la verdad es que me ha resultado útil hasta el día de hoy, y sigo utilizándola. «Externalizar» y dar forma a esas distintas voces internas me permite ponerles atención, como si otra persona me estuviera hablando, y tratarlas con más compasión que dureza. «Ah, vale, Anita está contándome esta película» o «Esto que estoy pensando es doña Rogelia dando el follón». Te juro que este ejercicio me ayuda muchísimo tanto para no creerme esos pensamientos ni dejar que interfieran en mis decisiones, como para no tratarme con dureza y rigidez y ser compasiva, como si un animalillo que trata de defenderse estuviera en mi interior y, en vez de castigarlo, yo lo tratara de acariciar y calmar.

Sé que quizá todo esto es difícil de asimilar. Deshacernos de esas ideas que pueden llevar años acompañándonos implica mucho esfuerzo y atravesar muchas resistencias, pero te prometo que es de los mayores actos de generosidad que puedes tener hacia ti misma, con resultados garantizados.

MOVERME PARA ADELGAZAR
VS. MOVERME POR PLACER

Llevaba años moviéndome con el único fin de adelgazar. Hasta cuando estudiaba Teatro Musical, que bailaba muchísimas horas, llevaba puesta la pulsera Fitbit para calcular cuántas calorías quemaba, y solo en relación con eso, poder comer o no. Nunca, aunque por ejemplo me encantaba la danza, me permitía del todo disfrutar del mero hecho de moverme, porque la idea de quemar calorías o modificar mi cuerpo siempre estaba ahí, potente, dando por saco.

Cuando empecé a recuperarme del TCA, lo primero que tuve que hacer fue parar de ejercitar, básicamente porque primero había que reconstruir todas mis creencias sobre el ejercicio para no seguir haciéndolo desde el mismo lugar. En ese momento iba a un gimnasio convencional al que me aterraba ir porque digamos que era «la nueva del pueblo» y siempre había mucha gente. Estuve varios meses sin entrenar, solo daba algún paseo diario, hasta que mi psicóloga me invitó a buscar un tipo de movimiento que me motivara. Fue entonces cuando conocí el CrossFit, gracias a mi amiga Alba de @consiguiendobjetivos. La verdad es que el deporte me gustó desde el principio porque me ayudaba a liberar mucho la mente, me hacía mantenerme superconectada con mi cuerpo para hacer bien los ejercicios y no lesionarme y me molaba la idea de ver a mi cuerpo como una figura fuerte y capaz, cosa que nunca había pasado antes.

Me enganché bastante al CrossFit, la verdad, durante todo el tiempo que viví en Murcia fue mi rutina favorita, pero todavía había ocasiones en las que me daba cuenta de que era superexigente con cumplir lo que marcaba el plan de ejercicios del día. Si no llegaba a todas las repeticiones, si no terminaba todos los ejercicios…, aparecían la exigencia, la rigidez, la culpa con la que siempre había vivido el ejercicio.

Aquí viene la primera clave importante para empezar a moverte desde otro lugar y a sentir el movimiento de otra forma: rodéate de buenos profesionales. En ese momento mi coach, Aurora, fue un pilar increíble porque siempre tenía palabras de aliento para mí y cuando terminaba diciendo «¿por qué hoy no puedo hacer lo que hace un mes sí hacía?», ella siempre me hacía considerar cada entreno como una victoria, independientemente de los resultados. Aurora conocía mi historia porque yo se la conté desde el principio, y el hecho de que pudiera sentirme en un espacio seguro, después de tanto tiempo sintiendo los espacios de entrenamiento como un lugar hostil, fue clave para mí.

El movimiento es una forma de mimar a nuestro cuerpo, ya sea a través de la danza, del yoga, del CrossFit, del fútbol, de la natación... El hecho de dedicar ese tiempo a mover a nuestro cuerpo es una forma que tenemos de cuidarlo y mimarlo. Lo de verlo como un castigo para intentar cambiarlo nos lo ha inculcado la cultura de la dieta junto a su prima hermana la cultura del fitness, que se han hecho amiguísimas. Nunca nunca nunca deberíamos haber aprendido a relacionarnos con el movimiento desde ahí porque nuestro cuerpo disfruta moviéndose, libera endorfinas que nos generan bienestar, reducen el efecto negativo del cortisol... Y no deberían habernos arrebatado eso. Hay mucha gente que asegura que no le gusta mover su cuerpo de ninguna forma y yo, que también he pensado así, creo que si de verdad exploráramos todas las vías en las que podemos mover a nuestro cuerpo, encontraríamos una que nos generara bienestar.

Creo que el problema es que asociamos movernos con ir a un gimnasio, salir a caminar cuatro horas, obligarnos a ir a clase de zumba... Y realmente cualquier forma en la que podamos mover a nuestro cuerpo y nos sea satisfactoria ya cuenta. Porque recuerda que esto lo hacemos para sentirnos bien, no para machacarnos ni obligarnos a algo que no nos gusta. Fíjate en la cantidad de gente que va al gimnasio a hacer pesas y dice que lo odia…, pero ¿por qué seguir ahí? Si podemos hacer tantísimas cosas, si podemos movernos de millones de formas diferentes hasta encontrar la nuestra. Soltar todas esas creencias de cómo debería ser nuestra forma de movernos es importantísimo para encontrar el disfrute en lo que hacemos.

Otra cosa crucial es entender cómo funciona nuestro cuerpo. Fíjate tú, qué cosa más obvia, pero es que nuestro cuerpo no está igual todos los días. *Tachááán*, sorpresa. Y más si dependes de un ciclo menstrual que te va llevando en un viaje hormonal maravilloso: *ahora p'arrriba, ahora p'abajo, ahora modo hibernación, ahora eres Hulka…* Así que, si quiero llevarme bien con mi cuerpo, no me queda otra que observar y entender cómo está HOY, atenderlo como atendería a alguien que se encuentra con menos energía, recuerda que esto son mimos para él y que por tanto no debería conectarme con la culpa ni el rechazo. Eso es lo que poco a poco nos han hecho creer que debemos sentir y al final terminamos sintiéndolo, pero podemos decidir hacerlo desde otro lugar a partir de ahora.

El momento del ciclo en el que estés influirá en tus niveles de fuerza y energía y eso hará que no haya dos entrenos iguales. Tranqui, está bien que sea así. Antes te hablaba de buenos profesionales, y si no mencionara a quien me acompaña ahora y me ha hecho reconciliarme con los gimnasios, no estaría siendo justa. Si me sigues en Instagram ya le conocerás porque no me canso de mencionarle (y no, no es colaboración. Hay personas que nos dedicamos a las redes sociales que no necesitamos que alguien nos pague para recomendar su trabajo). Sergio Crespo (@sergiocrespoep) es un entrenador personal de Sevilla que trabaja con enfoque salud en todas las tallas. Le conocía y seguía desde hacía mucho tiempo, pero cuando me mudé a Madrid, no me quedó más opción que buscar otra forma de moverme que no fuera el CrossFit (lamentablemente, Murcia me quedaba un poco lejos). Podría haber ido a otro box de CrossFit, como tal vez estés pensando, pero si algo me acompaña de mi TCA todavía es la dificultad para abrirme en espacios nuevos con mucha gente, y más si tiene algo que ver con el cuerpo (ajá, te parecía una tía superextrovertida y con todo resuelto, ¿verdad? ☺).

Total, que cuando llegué a Madrid, con todo lo que me estaba pasando, que no era poco, quería darme tiempo para decidir qué hacer y, mientras, intentar reconciliarme con el momento «gimnasio convencional». Ahí fue cuando contacté a Sergio y empezamos a trabajar juntos. Bendita la hora que lo hice. Sergio se comporta, a mi parecer, como debería cualquier profesional que se dedique al mundo fitness o a actividades relacionadas con el cuerpo: te escucha, te pregunta «¿cómo estás?», adapta los ejercicios a tus necesidades, tus ritmos y tus tiempos, trabaja desde tus sensaciones, sean cuales sean, y siempre te invita a escucharlas y atenderlas sin castigos, entre muchos otros piropos que le lanzaría, sinceramente.

Recuerdo la primera vez que estuve una semana sin entrenar porque andaba viajando por trabajo. Me daba miedo contárselo por si se enfadaba conmigo o su reacción era regañarme, como tantas veces habían hecho otros entrenadores en circunstancias parecidas. Sin embargo, Sergio ha respondido siempre con frases alentadoras y comprensivas tipo «es normal que haya días así», «focalízate en hacer lo que puedas para mejorar tu energía y ánimo», «cada entreno cuenta»... Ni una palabra fuera de tono, ni una reprimenda, solo empatía y respeto. AHÍ ES.

Rodéate de profesionales que entiendan el ejercicio como una herramienta de bienestar, más allá de cualquier número o corporalidad concreta. Profesionales que te ayuden a disfrutar del movimiento, a encontrarle ese «gustillo» que muchas veces no encontramos por cómo nos han enseñado a entenderlo. Claro que habrá días que no puedas entrenar. Quizá semanas. El ritmo de la vida a veces es así. Pero si esos días tienes al lado a alguien que comprende eso y que te anima, por ejemplo, a caminar, a estirar el cuerpo, a practicar un movimiento más libre..., podrás empezar a ver el movimiento como una forma de bienestar que puede darse de distintas formas, no como una rutina estanca.

A mí me encanta entrenar porque me conecta con mi cuerpo de una forma brutal. Y cuando estoy varios días sin poder hacerlo, empieza a aparecer esa culpabilidad queriendo tomar protagonismo. Pero de eso nada. Hoy quizá no puedo ir al gimnasio, pero sí ponerme música y dejar a mi cuerpo moverse libremente al ritmo. O tal vez puedo dar un paseo, incluso caminar en vez de coger el metro para que me dé el aire. No para cumplir con *nosécuántosmil* pasos, sino porque sé lo bien que me voy a sentir cuando mi cuerpo se mueva por el mero placer de hacerlo y oxigenarse a tope.

Esto no es algo que se consiga de un día para el otro, y menos si vienes de un proceso de TCA largo, por ejemplo, como es mi caso, o sencillamente si llevas mucho tiempo relacionándote con el movimiento de la forma que la cultura fitness nos enseña. Pero tampoco es imposible, y eso es lo que quiero transmitirte a lo largo de este libro.

«Vale, cariño, toda la teoría, clarísima. Ahora cuéntame, ¿por dónde empiezo?». ☺

Como ya te he dicho, no se trata de un proceso fácil. Básicamente porque requiere, sobre todo, de mucha autocompasión (no te preocupes, *mi ciela*, que pronto vamos a hablar de esta amiga nuestra). Tómate el tiempo de explorar, de equivocarte, de tener días en que no entiendas qué ocurre o de sentir que retrocedes. No lo haces. Cada día que pasa avanzas un poquito, sabes más cosas que ayer, descubres algo nuevo de ti cada día que amanece. Ten eso claro.

Hace poco, por ejemplo, fui al gimnasio fuera de mi horario habitual. Había mucha gente y me bloqueé muchísimo. Todas las máquinas que necesitaba estaban ocupadas, sentí que empezaba a comparar mi cuerpo y mis capacidades con los del resto... Sencillamente, hay días así. Y ahora, los respiro y me los permito. Me conozco y sabía que, por más que intentara calmar a mi mente, era uno de esos días en los que la *vocecilla* estaba a un volumen fuerte. Así que cogí un espacio en el gimnasio, me puse un pódcast, estiré el cuerpo y me marché a casa. En vez de permitir que mi querida doña Rogelia apareciera para machacarme viva, fui supercompasiva conmigo y me abracé por haberme entendido tan bien. Quizá ese día mi cuerpo y mi mente no estaban en el *mood* de una sesión de pesas. En su lugar, tuvimos un ratito de estiramientos que también le vinieron muy bien. En mi experiencia, es una de las formas en las que se ve la compasión cuando hablamos de movimiento. Dejando los castigos y los reproches a un lado y escuchando realmente al cuerpo.

Vamos a ordenar un poco los conceptos sobre:

CÓMO SANAR LA RELACIÓN CON EL MOVIMIENTO

❖ Escucha a tu cuerpo

Esto requiere de un poquito de práctica, porque la mayoría de nosotras llevamos muuucho tiempo absolutamente desconectadas de él. Puedes probar a quedarte en silencio o con una música que te relaje, en un espacio que consideres seguro. Hazle preguntas a tu cuerpo. Sí, preguntas. Y no te juzgues o te sientas ridícula por hacerlo. Es la forma que tenemos de conectar realmente con él. *Hoy siento que debería ir a hacer mi entrenamiento de pesas al gimnasio. Cuerpito, ¿cómo lo ves?* A lo mejor tú tienes muy claro lo que «deberías» o lo que «toca hacer», pero es que quizá en el fondo no te apetece. A lo mejor no tienes energía para ese tipo de entrenamiento. A lo mejor has dormido mal, tienes ansiedad, está a punto de bajarte la regla..., y tienes que hacerte esas preguntas. En respuesta, tal vez notes que algo se tensa, que el estómago parece que se aprieta, se te acelera el pulso..., señales de que ahí no es. Pero ¿y si de repente notas como un chispazo, un empujón de *guau, sí, me gusta esa idea, me apetece*? Una clara señal de que por ahí puede que sea el camino correcto, ¿no te parece? También puede pasar que sientas como si una vocecita te mandara mensajes bastante negativos: *menuda pereza, tú no vales para eso, vas a hacer el ridículo, se van a reír de ti...* A esa... vamos a empezar a hacerle menos caso, ¿vale?

No quiero que te fuerces desde el minuto uno si de verdad sientes que es muy duro para ti, pero permítete también desafiar de vez en cuando a esa voz para poder demostrarte a ti misma que muchas veces las cosas acaban siendo mucho menos graves de como las pinta nuestro miedo. El miedo está ahí para prote-

gernos, pero ahora tú estás al mando. Por tanto, en ese momento de silencio, realmente párate a escuchar qué te pide el cuerpo. Habrá veces que te equivoques, estás aprendiendo, pero llegará un momento en el que esa ronda de preguntas cada vez tome menos tiempo porque conocerás a tu cuerpo, sabrás escucharte y detectar tus sensaciones internas de una forma mucho más ágil y directa, sabiendo diferenciar qué necesitas en cada momento. Pero lleva su tiempo, como todo.

❖ Demuéstrate que no pasa nada

Justo te lo comentaba en el punto anterior. Esa voz del miedo, a veces mezclada con la más cruel de nuestras partes, puede tomar protagonismo y lanzarte mensajes supernegativos con el único fin de protegerte. Ya sé que cuesta creer que esa voz tan tirana lo que pretenda sea protegerte, pero es realmente así. Son reacciones que hemos aprendido a tener para salvarnos de situaciones dolorosas. Intenta recordar alguna situación de vergüenza corporal relacionada con el movimiento que te haya marcado: a mí me viene a la cabeza cómo me trataban mis profesores de Educación Física en el cole, cómo «me daban por perdida» y algún que otro trato deficiente que recibí en gimnasios, ya de más mayor. Quizá en ese momento te quedaste paralizada, no supiste cómo reaccionar. Te dolió, tal vez lloraste o te repetiste que nunca más irías a ese sitio porque no era para ti. Por eso ahora, ese miedo más «tirano» trata de protegerte para que no vayas. No quiere que vuelvas a sufrir lo mismo. ¿Te ayuda esto a ver con mayor compasión esas situaciones? ¿Te da fuerza para tomar el control y decirles a esas partes de ti «ey, os veo, gracias por querer protegerme, pero estoy al mando y saldremos de esta»?

Pues vamos allá, campeona. Demuéstrate que no pasa nada por moverte con tu tamaño corporal, por vestir ropa deportiva ceñida o colorida, por no saber tanto como la persona que tienes al lado o por equivocarte. La verdad es que con el tiempo me he dado cuenta de que muchas veces la gente va a su bola y todo está más en el discurso de «qué estarán pensando de mí» que en la realidad. Lo que pensamos que los demás piensan de nosotras, en realidad lo estamos pensando nosotras... Y si resulta que vas y no te sientes a gusto, que también pasa, trata de verlo con la mayor compasión y darte permiso para seguir aprendiendo. Quizá ese no es tu lugar, quizá ha sido un día menos bueno... En vez de fustigarte y permitir que el autocastigo se apodere de ti, felicítate por haberlo intentado con todas tus fuerzas y mira qué puedes mejorar de esa situación. Ni sabes lo que va a pensar la gente todo el rato ni te interesa. Que piensen lo que quieran. Tienes todo el derecho a disfrutar en ese espacio, y si no les gusta, es su problema. Nada de permanecer en lugares hostiles, nada de permitir humillaciones ni faltas de respeto. Te mereces demostrarte que no hay nada malo en ti y valorar que cada paso cuenta.

❖ Pierde el miedo a probar cosas nuevas

¿Cómo vas a saber qué te gusta si siempre te has obligado a hacer una cosa que además no te gusta? Permítete explorar. Hasta ahora has hecho, yo qué sé, spinning. Tú ahí, cinco años, con tu amiga Lourdes, todos los martes y jueves maldiciendo el momento porque no hay cosa que te aburra más y te guste menos que esa hora y media que dedicáis a pedalear al ritmo de la música house. ¡¡¡AMIGA, SAL DE AHÍ!!! Ya hay otra gente a la que le gusta el spinning, no tienes que forzarte a ser una de ellas si llevas tiempo viendo que no, que no y que no.

¿Cuál es esa actividad que alguna vez has visto y has pensado «buah, qué chulo debe de ser eso»? Pues ahí quiero que vayas. ¿Será el yoga? ¿Pilates? ¿Natación? ¿Senderismo? ¿Hockey? ¿Patinaje artístico? ¿Buceo? ¿Ping-pong? Nos vale todo, amiga, nos vale to-do. Lo que sea que haga vibrar a tu cuerpito de arriba abajo. Eso que te haga liberar endorfinas como si no hubiera un mañana. Ese lugar en el que acaba la hora y dices «¿qué?, ¿ya?», donde ni la culpa ni el aburrimiento tengan el protagonismo.

Prueba. No tienes que saber ya qué te gusta. No tiene por qué gustarte una sola cosa ni tiene que ser un entrenamiento de una hora en el que sudes la gota gorda. Si a tu cuerpo le flipa pasear, pues dale caña. Haz rutas por la naturaleza, sal a pasear por tu ciudad, dale a tu cuerpo ese rato de respirar aire puro (a menos que estés en Madrid, entonces mejor vete a las afueras para respirar) y diviértete. Sea lo que sea, a lo que voy es a que te permitas explorar distintas formas de movimiento hasta encontrar aquella que te guste y puedas disfrutar. Es un punto clave.

❖ **No todos los días son iguales ni tienen por qué serlo**
Vivimos empeñadas en una vida lineal que nos aleje de cualquier inconveniente. En este caso, entendemos por «inconveniente» el hecho de no poder entrenar de la misma forma un lunes que un jueves, por ejemplo. El lunes me sentía más fuerte, el jueves más floja. El lunes tenía una energía increíble, el jueves me siento frustrada. Pues la vida misma, la verdad. Cada entreno va a ser distinto porque cada día es distinto. Y no pasa nada. Nuestro cuerpo no puede responder al mismo entreno de la misma forma si está más cansado, más estresado, más triste… Y lo bonito es entender esto para vivir cada entreno con verda-

dera gratitud al cuerpo por lo capaz que es y con entusiasmo por estar disfrutando del movimiento, independientemente de cómo se esté dando. Claro que, para esto, es fundamental tener claro el siguiente punto:

❖ Dejar de ver el movimiento como una vía para huir de tu cuerpo te permite descubrir el bienestar que te ofrece a nivel mental y físico

Llevas mucho tiempo viendo el movimiento o el ejercicio como una forma de castigar a tu cuerpo por ser como es. *Tienes que ser* más fuerte. *Tienes que ser* más delgado. *Tienes que ser* más grande. *Tienes que ser* más bello.

Está claro que de esa forma no te ha funcionado muy bien, que digamos. ¿No te parece el momento de empezar a verlo desde otro lugar? Ya hemos hablado de los beneficios que tiene: mejora el estado de ánimo, cosa que beneficia nuestra salud mental; mejora el descanso, reduce niveles de estrés, oxigena la sangre, aumenta la resistencia y la fuerza, te permite un ratito de autocuidado, te hace conectar con tu cuerpo y tus sensaciones físicas... Es bienestar para ti, al fin y al cabo, en todos los niveles.

No necesitas que tu cuerpo se vea de una forma determinada para disfrutar del movimiento. Nuestros cuerpos están hechos para moverse, saben cómo hacerlo, si no no habría tantos beneficios físicos asociados a él. Estás más que preparada para empezar a moverte, y esto no va ni de «si quieres, puedes» ni de «deja atrás las excusas», sino de que tienes permiso incondicional para hacerlo. In-con-di-cio-nal.

CULPA AL COMER

Hace poco fui al supermercado con mi pareja y era uno de esos días que vas a comprar sin rumbo. Íbamos por cada pasillo observando los productos y empezamos a comentar sobre aquellas típicas cosas que comíamos de pequeños o que hacía tiempo que no veíamos: algún tipo de galletas o cereales, salsas, tipos de pasta, conservas... Fue en ese momento cuando me di cuenta de cuántos alimentos tenían para mí la etiqueta de «prohibido» años atrás. Pude ser consciente de cuántas cosas había aprendido a temer de pequeña, limitando completamente su ingesta, y que de alguna forma todavía hoy me acompañaban con cierta tristeza, incluso nostalgia, de pensar en todos aquellos momentos donde yo no podía entender lo que pasaba, o por qué se me decía «tú de esto no puedes comer», pero que poco a poco iban dejando una huella en mi interior que todavía hoy tengo que trabajar de forma consciente para que no me domine.

Me puse a pensar en esas normas que aprendí como la tabla del 2 desde muy pequeña:

Fruta, aquella que no tenga mucho azúcar, ya que engorda. La sandía era la mejor vista porque «era todo agua» y los plátanos, sin embargo, estaban en la cola de la lista como un producto que engordaba mucho. Ah, y olvídate de tomar cualquier fruta por la noche.

Limita el queso a solo aquel que tenga 0 % de materia grasa. Y poquito. Sin pasarte. Recuerdo que me tocaba comer la pasta poniéndole poco queso rallado y echándolo con ese tipo de miedo-vergüenza porque sabía que a la mínima iba el típico «Mara, no te pases», que me hacía saber que eso no era para mí. De hecho, cuántos años me habré pasado sin comer la pasta con el típico Grana Padano en mi casa, porque nosotros rallábamos El Ventero Tierno, que, de verdad, no tengo nada contra él, pero es que las comparaciones son odiosas. O comiendo la carbonara con champiñones, pechuga de pavo y nata light mega ultra súper cero azúcares para que engordara menos. Y la pasta integral. Pero una vez a la semana, porque los hidratos, sin *fliparse*.

Buf, recuerdo que los viernes noche eran el único día que en casa podíamos comer pizza. Era una congelada, de espinacas, berenjena y tomate. O de tomate y queso de cabra. Todo eso de barbacoa o cuatro quesos… mejor olvídate.

En el pasillo de los dulces lo difícil es encontrar algo que sí pudiera comer. Las barritas sustitutivas sí, porque me las mandaba el dietista. Ahora, solo una al día. Tremendos atracones me he dado con esas barritas por ser la única cosa de chocolate que «estaba bien» comer. Que sí, que por supuesto los productos azucarados tipo galletas o cereales deben comerse de forma consciente porque no son lo más nutritivo, pero una leche con cereales, de vez en cuando, pues no me habría parecido mal. Más que nada para no cogerle más miedo que a la declaración de la renta… Pero no pudo ser. En mi caso me tocaban los cereales esos insulsos, de avena, sin sabor ninguno. Qué poca gracia tienen los pobres, de verdad. De galletas también, solo la sección dietética, digestiva, integral, sin azúcar ni ganas de vivir, de esas que se te hacen una bola en la boca que no se puede ni soportar. Así que cuando daba con algo «dietético» que tenía un poco de gracia, no duraba ni tres segundos en mi casa. Esas cosas son lo que tiene la restricción.

Y por lo demás, todo igual: ni embutidos, ni salsas, ni pan blanco, ni pan de molde, ni patata porque engorda, ni zanahoria porque tiene mucho azúcar, ni castañas o boniato por lo mismo.

En mi caso, quienes conocéis mi historia ya lo sabéis, con

trece años fui diagnosticada con un TCA (trastorno de conducta alimentaria) que me ha acompañado durante algo más de once años. *¿Por qué tanto?*, quizá te preguntes. Básicamente porque en ese momento la gente no tenía ni idea de tratar un TCA (o al menos no las personas con las que yo fui a parar) y porque teniendo un cuerpo gordo la gente se limitaba a decirme «come menos y muévete más» como solución a todos mis problemas, que es básicamente lo que llevamos haciendo los seres humanos las últimas décadas. En todo ese tiempo, mi vida se basó en no dejar de pensar ni un solo segundo en cómo modificar mi cuerpo, en cómo se vería si fuera de otra manera, en cómo de maravillosa sería mi vida si conseguía adelgazar, en no engordar ni un gramo, en detestar la imagen del espejo, en no saber relacionarme con los demás por sentirme insuficiente, en no encontrarle sentido a mi vida, en no poder disfrutar del movimiento, en no poder parar de catalogar los alimentos…

Por favor, no pongas a tu hijx a dieta. Ese va a ser el mensaje principal de este capítulo. Hoy soy más que consciente, y así te lo expliqué en mi primer libro, de que mis padres lo hicieron todo lo mejor que supieron con las herramientas que tenían. Mami, sé que leerás esto, y no te culpo por cómo actuaste. Tú misma tienes mucho que trabajar sobre tu relación con la comida, y ahí estaré yo si un día necesitas mi apoyo. Pero qué diferente habría sido la historia sin tantas normas, para ti y para mí. Claramente mi TCA y todos los problemas de autoestima que he estado acarreando durante años no fueron únicamente por esta concepción de la alimentación que me rodeaba. También influyeron los años de bullying y, por supuesto, la gordofobia que acecha a toda la sociedad y que va a determinar tu relación con tu cuerpo si no es normativo, sea en mayor o en menor medida. Pero está claro que empezar a restringir alimentos tan jovencita (mis primeros recuerdos son a los ocho o nueve años) fue un potente detonador para todo lo que vino después. Al final, nuestros padres nos educan con sus propios recursos, y en una cultura que basa la gordura en una fórmula mágica de - *ingesta + movimiento*, como si en una corporalidad no intervinieran tantísimos otros factores, es normal que para nuestros padres lo más importante sea sacarnos de ese «lado oscuro» en el que la sociedad te mete cuando tu corporalidad no es la normativa. Pero esto nos trae muchos otros problemas.

Empezar una dieta restrictiva es uno de los principales factores de riesgo para desarrollar un TCA. Eso quiere decir que cada vez que una persona te manda a desconectar de las señales de tu cuerpo para monitorizar qué comes, cuánto comes y cuándo te lo comes, estás ganando puntos para que tu relación con la comida no vuelva a ser la misma y se convierta en un verdadero infierno. Porque eso es un TCA, que nadie te cuente otra cosa.

Vivimos en una sociedad que ha normalizado las mismas cosas que en una recuperación de TCA se tienen que reparar porque se consideran peligrosas. «Si tienes hambre, bebe agua, lávate los dientes, masca chicle o cómete una manzana», «pésate a diario», «sal a caminar cuando te dé hambre», «ayuna no sé cuántas horas»… Quizá alguna te suena a una locura, pero el año pasado, sin ir más lejos, una *influencer* «profesional» del sector fitness con UN MILLÓN de seguidores hizo un reel en el que recomendaba esas cosas a sus seguidores «si querían mantener la dieta sin saltársela». Esas cosas son las que encontré yo en los foros pro Ana y Mia (son los nombres con los que se conocen en la red a la anorexia y la bulimia). Imagínate. Lo que por un lado se ha normalizado hasta puntos completamente insanos y peligrosos por la cultura fitness y la cultura de la dieta, por otro lado se tiene que considerar un factor de riesgo a sanar en una recuperación de TCA. No hay derecho a lo que nos habéis hecho. En serio.

Monitorizar a un nivel extremo lo que hacemos con nuestro cuerpo es ir en contra de su propia naturaleza. Él sabe funcionar, ¿o acaso no has aprendido a controlar tus esfínteres y sabes perfectamente cuándo te pide ir al baño? Y entonces ¿por qué con la alimentación nos empeñamos en ignorar sus señales y creernos más sabios que él?

El problema está en que cada vez que se habla de esto, la gente prefiere llevarlo a que estamos promoviendo hábitos insalubres para no pararse ni un segundo a darse cuenta de que su forma de pensar puede estar caducada. En eso nos hemos convertido los seres humanos hoy. Somos incapaces de escuchar un discurso diferente al nuestro y darle el beneficio de la duda. Nos parece mejor atacarlo e intentar desacreditarlo para alimentar a nuestro ego y seguir sin poder ver más allá de nuestras narices.

Voy a ser muy clara con esto porque estoy bastante harta con el temita. Comer de forma saludable nos viene bien a todos. A los gordos, a los flacos, a los altos, a los bajos, a los jóvenes y a los viejos. Yo nunca jamás he alentado ni alentaré a nadie a que deje de comer frutas y verduras y se pase al lado de comer todo el día ultraprocesados, porque ni yo misma lo hago. El problema es que si alguien que no me conoce lee esto, puede que piense «ya, eso dice», porque a los cuerpos como el mío ese es el tipo de vida que se les asocia. Una vida de querer enfermar, de no preocuparte por la salud, de comer compulsivamente alimentos perjudiciales para el cuerpo y de moverse poco. Y esto es muy injusto. Pero mucho. Ni yo ni nadie debería sentir que tiene que demostrarle al resto lo saludables que son sus hábitos.

Yo no tendría que intentar, en este capítulo, convencerte de que como verdura y hago ejercicio regularmente. Porque ¿qué pasaría si no lo hiciera? ¿Merezco menos respeto por ello? ¿Merezco ese juicio y ese dedo acusador sobre mi persona? ¿Lo ponemos generalmente sobre las personas delgadas? Y no me refiero a los comentarios repugnantes de «a ver si te comes un puchero», «eres un saco de huesos», «tan delgada que pareces enferma», sino al juicio constante en cada espacio de esta sociedad y este discurso moralista sobre la salud de personas a quienes ni siquiera conocemos.

Porque déjame que te cuente. Yo he estado en una misma mesa con una persona delgada que para cenar se come dos pizzas medianas del Domino's y los comentarios han ido para el que estaba gordo por comerse su pizza y un refresco, pero ni uno solo para la persona delgada. «Es que yo lo quemo, ¿no ves que estoy delgado?», he llegado a oír de su boca. Ese es el nivel al que han llegado las normas de la cultura de la dieta, que se ha metido en absolutamente cada rincón de nuestras vidas.

Yo no le debo salud a nadie. Ni tú tampoco. Al igual que no le debo explicaciones a quien no quiere entender y solo pretende juzgarme basándose en sus propias creencias y prejuicios sobre las corporalidades gordas o la salud. Este es quizá el mayor aprendizaje que me he llevado sobre este tema y que me regala muchos momentos de paz mental: no discutas, no expliques, no justifiques con aquel que no quiere ver más allá. Yo sé quién soy, yo sé cómo es mi vida. Los demás solo podrán hacerse una ligera idea al verme o conocerme, y el resto lo inventarán como una trama ficticia, que nacerá de la imagen y percepción que tienen de mí, influenciada por todo su sistema de creencias…, que a saber cuál es.

Así que vamos por partes. Para empezar, basta de sentir que tienes que justificar lo que comes o lo que no comes con aquellos que solo vienen a invadirte con sus prejuicios sin tener ni idea de quién eres. Si eres delgada, porque te falta un puchero. Si eres gorda, porque a ver si comemos más verdura. Que se vayan al carajo, así de claro te lo digo. Tú y solo tú puedes saber qué pasa en tu vida, cómo te relacionas con la comida y qué necesita tu cuerpo. La cultura de la dieta, porque es la que se ha cargado todo esto (y así lo demuestran las decisiones políticas sobre la obesidad respaldadas o financiadas por la industria farmacéutica), se las ha apañado bien para hacernos creer que la alimentación y la salud son una cosa universal. Que *lechuga + pechuguita a la plancha* es todo lo que está bien para la vida. Y cada cuerpo, *ma chérie*, funciona de una manera distinta, que para eso somos ocho mil millones de habitantes en el mundo, con distintos orígenes, contextos, genéticas y metabolismos, entre muchísimos otros factores.

Mi idea de salud puede ser radicalmente diferente a la tuya, también en lo que respecta a la alimentación. A mí hay alimentos que pueden encantarme y tú odiarlos, o a mí sentarme fatal por mis problemas de intestino (una de las secuelas que me dejó mi TCA y mis años de dieta, porque aunque no te lo cuenten hay una larga lista) y tú encontrarlos una fuente maravillosa de energía y nutrientes. Esto no nos hace a ninguna de las dos peores personas o más insalubres, tan solo nos tiene que invitar a descubrir qué necesita nuestro cuerpo y cómo dárselo con amor y gratitud. Para eso, lo mejor siempre será acudir a un profesional del sector de la nutrición. Uno de los de verdad, por favor, no de los que te mandan a mascar chicle cuando tengas hambre. Gracias.

Si eres una persona que, como yo, ha estado años rigiéndose por normas estrictas, vas a necesitar a alguien que te ayude, primero, a desmontar todas esas ideas (en muchos casos, también para esto se necesitará ayuda terapéutica) y después a volver a conectar con los alimentos y reconciliarte con el momento de comer: cómo cocinar los alimentos para que sepan bien (adiós al brócoli hervido insulso, amiga, y bienvenida a la sabrosura), qué alimentos comer para nutrir a tu cuerpo (si llevas años restringiendo, adelgaces o no, puedes tener a tu cuerpo en un déficit de cosas bien importantes) y, en definitiva, a cómo dejar de ver el comer con rechazo y miedo. Al final de este capítulo te dejo recursos de profesionales por si pueden servirte y acompañarte en el proceso.

Este tema de la alimentación es otro de los grandes logros de la gordofobia: alejarnos de una cosa que nuestro cuerpo necesita para funcionar correctamente, para acercarnos a la idea de cuerpo y salud que ella, con su prima hermana la cultura de la dieta, tiene para nosotras. Porque sí, claro que hay personas que desarrollan un TCA o tienen un problema relacionado con la culpa al comer que nada tiene que ver con adelgazar o engordar, pero, si tomamos conciencia y ponemos mucha atención, podremos darnos cuenta de que en la gran mayoría de los casos, debajo de todos esos «porqués» sobre cómo nos relacionamos con la comida (qué como, qué no puedo comer...), se esconde el miedo a engordar, el miedo a «enfermar por ser gordo» (lo entrecomillo porque ya sabemos que esto NO es verdad y que correlación no es causalidad), el deseo de adelgazar, el deseo de acercarse a la normatividad... Y todo eso nace de lo mismo.

Hemos renunciado a no solo la gasolina de nuestro cuerpo, sino a una fuente de placer increíble que nos permite disfrutar sabores, texturas, olores, culturas, tradiciones… Comer es un hecho tremendamente cultural, ¿o acaso comemos igual en todos los países o continentes? ¿Acaso la comida no nos acompaña en muchísimas de nuestras celebraciones? Yo diría que en todas. Y eso está bien. Porque comer también es rodearte de tu gente, también es celebrar, también es conocer otras experiencias de vida, por eso cuando viajamos nos encanta probar platos típicos del lugar al que vamos: porque la comida nos permite conectar con quien tenemos enfrente o con el lugar en el que nos encontramos. Imagina poder disfrutar con los cinco sentidos de algo tan maravilloso.

¿Y sabes algo? Disfrutar de la comida y permitirte vivirla desde ese lugar no significa comer de forma descontrolada ni solo alimentarte a base de alimentos hipercalóricos, ultraprocesados o menos nutritivos. Y puedo decirlo de primera mano. Voy a intentar mostrarte cómo ha sido para mí ese proceso que tantas compartís conmigo con incertidumbre y miedo. Esos «Mara, me da miedo pasarme», «Me da miedo no poder parar de comer», «¿Conseguiré no comer descontroladamente?», «¿Podré parar de pensar en calorías y categorías de alimentos?».

Lógicamente, yo no conozco cada caso personal. Eso siempre siempre siempre tendrá que valorarlo una persona profesional de la nutrición, que es quien podrá conocer a fondo tu historia y tu cuerpo. Pero como yo te he prometido siempre ser sincera contigo, voy a contarte mi verdad, solo mi verdad y nada más que mi verdad.

Cuando empecé a recuperarme, me daba miedo lo mismo que a ti. Estaba segura de que no podría controlar mi hambre ni mi deseo hacia todos esos alimentos prohibidos durante años y que viviría en un atracón constante que solo agravaría la situación.

Y sí, es cierto que los primeros días tu cuerpo y tu mente se sienten más descontrolados. En los libros *Health at Every Size* y *La trampa de las dietas* lo explican de una forma muy clara: nuestro cerebro no entiende que la restricción a la que le sometemos es programada. Es decir, él no entiende que estoy dejando de comer para caber en el vestido de la boda de mi prima, sino que él lo interpreta como una escasez de comida, por eso cuando empezamos una dieta los primeros días parece que se potencian los olores y los sabores de todo lo que comemos, porque son las señales que nos manda nuestro cuerpo para que entendamos que tiene hambre y necesita que busquemos comida.

Ahora imagínate que, como yo, llevas la mitad de tu vida a dieta. Los domingos, cuando te permites el llamado *cheat meal* («comida trampa», es que flipa con el significado que le damos a las palabras...), sientes que no puedes parar de comer ni un minuto y te apetece todo lo que no has podido comer durante la semana. Llega el lunes y vuelta a empezar. Al inicio todo bien, pero al tercer día más o menos pasas por la panadería y sientes el olor como si estuvieras dentro del mismo horno, salivas al pensar en comida, y te pones de un mal humor que flipas, y sin apenas energía.

Ahora llévalo al momento en el que empieces a recuperarte de tu TCA o decidas sanar tu relación con la comida después de años de dietas y odio a tu cuerpo. ¿Cómo no te va a invadir el miedo? Tu TCA o tu voz interna se encargarán de convencerte del terrible error que estás cometiendo porque, por más complicado que sea, la restricción, la dieta, la culpa al comer son nuestra zona de confort. Por eso es tan tan tan importante sanar con profesionales que nos ayuden desde la raíz.

Bueno, como iba contándote. Los primeros días, quizá semanas (no lo recuerdo con exactitud) sí sentía muy presente esa sensación de compulsión y ansiedad por comer. Quería comer todo aquello que no había podido, era incapaz de conocer mis señales de hambre y saciedad, por lo que llegaba a comer con muchísima hambre y me llenaba demasiado, y como pasa en muchos TCA, subí de peso en cuanto la restricción desapareció de mi vida. Esto pasa porque el cuerpo necesita guardar reservas por si vuelve la escasez, la restricción. No es que te odie y quiera fastidiarte. Es que intenta garantizar tu supervivencia. El cuerpo va a intentar volver siempre al llamado *setpoint,* que es ese rango de peso (que puede variar en cinco o diez kilos) en el que puede funcionar correctamente. Y no, ese *setpoint* no siempre va a ser delgado. Recuerda la diversidad corporal.

Con el tiempo y la ayuda profesional, lo primero que aprendí fue a escuchar a mi cuerpo. Al principio cansa, la verdad, porque vivir desconectada, en cualquier sentido, es siempre más fácil que poner conciencia. Pero si quieres sanar, toca echarle valor. Así que aprendí a respirar hondo y quedarme en silencio con mi cuerpo. No veas el miedo que daba al principio. Notaba qué pasaba en mi interior, qué se movía, qué me pedía el cuerpo. Qué aparecía por mi mente como un relámpago si le hacía la pregunta «¿qué necesitas?», o «¿tienes hambre?», porque al llevar tantos años restringiendo, acostumbrada a reprimir al máximo las ganas de comer, solo me daba cuenta de que ya no podía aguantarlas más cuando llegaba a lo que se conoce como «hambre extrema», que es ese punto en el que puedes marearte, sentirte de un mal humor tremendo, notarte sin energía… Vamos, cuando ya o comes, o la cosa acaba mal.

Todavía es algo a lo que hoy, aunque en mucha menor medida, tengo que poner atención para no llegar a ese punto. No porque quiera restringir, sino porque han sido tantos años aprendiendo a hacerlo así, que sigue habiendo momentos en los que me cuesta detectar si tengo hambre hasta que tengo MUCHA hambre. Es como que voy viviendo, sobre todo los días que tengo más trabajo o ajetreo, y desconecto de mi cuerpo. *Error.* Porque se me olvida lo más importante: que sin mi cuerpo, no puedo vivir esta vida. Así que son momentos que me permiten darme cuenta de que no debo descuidar la atención a mi cuerpo, son ese «clic» de «ey, lo más importante está aquí, en ti, no te olvides» y que también me permiten seguir sanando partes que a veces doy por sentadas. Para todo esto, mi psicóloga me enseñó a detectar mi nivel de hambre y saciedad con una ficha que iba del 1 al 5 con sensaciones corporales. Así podía observar, en cada momento, cómo me estaba sintiendo viéndolo de una manera más sencilla hasta que cogiera *el truquillo.*

En este espacio te invito a escribir los cinco pensamientos más recurrentes que aparecen cuando empiezas a notar el hambre. ¿Qué pasa por tu cabeza en ese momento? Al lado de cada uno, escribe una reformulación de cada pensamiento, algo compasivo, respetuoso, que te gustaría empezar a decir en su lugar a partir de ahora.

*¡Ey! Y si no puedes hacerlo ahora, dobla la esquina de esta página y vuelve aquí cuando lo necesites y quieras :)

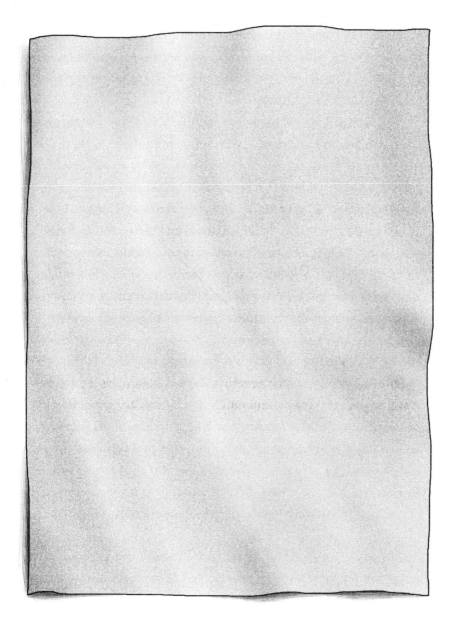

Empecé a trabajar en eso como el bebé que aprende a caminar: pasito a pasito. Aceptando como podía los días en los que no lograba ser tan consciente y afianzando en mi interior lo que me funcionaba en esos días donde sí conseguía aplicar todo lo aprendido. Porque cada paso cuenta y te acerca a la recuperación, aunque no lo parezca.

Los días que no detectaba mi hambre a tiempo, que me saciaba demasiado o que comía con cierta compulsión, trataba de observar qué había pasado por mi cabeza, qué automatismos se habían activado, y lo que intentaba era tratarme con la mayor compasión posible, sobre todo cuando aparecía mi querida doña Rogelia a decirme «¿lo ves?, no lo has conseguido, eres un fracaso». Lo que más me ha funcionado para esos momentos es pensar en Marita, mi niña interior, que fue la que aprendió a odiar su cuerpo en contra de su voluntad. Pienso en ella y en cómo necesita reaprender algo complicadísimo y sobre todo en cómo merece ser tratada. Luego hablamos más sobre eso. Por otro lado, en «los días buenos», así vamos a llamarlos, también era importante hacer esa introspección para darme cuenta de qué había funcionado, qué cosas estaba aprendiendo a hacer en pos de mi bienestar que antes no sabía, y tratar de repetirlas al día siguiente. Un día a la vez. Y te prometo que con mucha paciencia y compromiso por la recuperación, repitiéndome a mí misma todos los días que valdría la pena todo esfuerzo, llega un momento en el que vas viendo tus logros cada vez más seguidos.

«Vale, okey, escuchar a tu cuerpo, aprender a detectar cuándo tienes hambre y cuándo estás llena… Ajá…, pero ¿qué pasa con los alimentos?, porque yo siento que solo voy a comer «porquerías» y todo eso que nunca he podido».

Para empezar, dejemos de una vez de llamar porquería a la comida. Ni porquería ni comida basura. La comida es comida. Una con mejor valor nutricional, otra con uno peor. Una más saciante, otra menos. Una más palatable, que tiene que ver con la sensación agradable al comerla, otra menos… Y así con muchas otras categorías que nada tienen que ver con el punto limpio de tu ciudad.

Ahora bien, por supuesto que hay alimentos que le harán menos bien a tu cuerpo porque pueden resultar inflamatorios, no nutrir correctamente a tu organismo, resultar perjudiciales si los comes de forma habitual para ciertas patologías o funciones del cuerpo… Pero de ahí a decir que son basura, tenemos que observar con atención. El lenguaje es muy importante. Mira cómo llevas hablándole a tu cuerpo todo este tiempo y cómo te ha afectado. O cómo te duele cuando alguien de fuera te dice según qué cosa. El lenguaje importa. Por eso quiero enseñarte a cambiarlo en este libro.

¿Qué sensaciones o emociones crees que genera en ti pensar que estás comiendo algo que es basura? Vamos a analizarlo. En mi caso aparece la vergüenza, la culpa, el asco, el miedo incluso. ¿Cómo crees que afecta a tu cuerpo comer un alimento desde esas emociones? Porque sí, amiga, tus emociones repercuten en tu cuerpo físico. Probablemente tu respuesta haya sido «mal» o «negativamente». De ahí la importancia de entender que ningún alimento es basura ni ningún alimento, por sí mismo, en su individualidad, puede causarte un daño irreversible. Ni comer una manzana, así, suelta, te va a convertir en una persona más sana o más delgada (que ya sabemos que muchas veces nuestras decisiones van encaminadas por ahí), ni una tostada con crema de cacao, así suelta, va a enfermarte de forma irreversible o engordarte al momento. Es su consumo habitual lo que puede causar un impacto en nuestro cuerpo. Pero es que tú no vas a comer solo manzanas a lo largo de tu vida (o vamos, no te lo recomiendo) ni vas a comer solo tostadas con crema de cacao (que tampoco te lo recomiendo). Tú vas a intercalarlo con otros alimentos, creando un equilibrio. Porque eso es realmente la alimentación saludable: decisiones conscientes, pensando en nuestro bienestar y en el buen funcionamiento de nuestro cuerpo (bienestar incluye también placer, que no se te olvide) que generen un equilibrio en nuestra vida. Pero comer con culpa, con miedo, con asco o con vergüenza no se acerca ni por asomo al equilibrio, ni al bienestar, ni a la salud.

Algo que me sirvió muchísimo para sanar mi relación con la comida fue entender, gracias a los libros que he leído y las profesionales de la nutrición que me han acompañado, que CÓMO me como un alimento (valga la redundancia) también tiene un impacto en mi cuerpo. Y que si como sintiendo emociones complicadas (miedo, angustia, culpa, rabia, vergüenza…), eso tiene un impacto en mi cuerpo, como ya te he mencionado en capítulos anteriores, porque genera estados de inflamación que, a su vez, pueden llegar a provocar enfermedades. Por eso quizá hayas oído alguna vez que el estigma de peso, que es el juicio, la afrenta y la vergüenza a la que nos someten a los cuerpos no normativos, puede llegar a enfermarnos. O por eso quizá hayas oído que la gordofobia mata. Este es uno de los motivos. Porque el estrés que se genera en nuestro cuerpo no solo nos afecta a nivel de salud mental, sino que ese estrés genera estados de inflamación que pueden resultar peligrosos.

Así que aquí tienes un motivo más para sanar tu relación con la comida.

Andábamos hablando de los alimentos «prohibidos» y el descontrol. Sí, al principio yo también me sentía desbordada y quería comer todo aquello que no me había permitido durante mucho tiempo. Comía rápido, solo quería pasta, pizza, chocolates…, pero es que el cuerpo sabe que hay más alimentos que darle. Y te los va a pedir. Sí, ya sé que te parece imposible que el cuerpo te pida verdura, ensalada o incluso probar alimentos nuevos, ¡¡pero te prometo que pasa!! Lo que sí te digo es que no te va a pedir esa verdura hervida insulsa. Eso no. Pero aprenderás a cocinarla diferente, podrás añadirle más aceite (se acabaron las cucharas de postre o el aceite en spray, eres libre), mezclar alimentos que nunca habrías imaginado, reconciliarte con ciertos sabores… Vamos, si a mí me hubieran dicho que un día disfrutaría comiendo judías verdes con patatas o echaría de menos una parrillada de verduras cuando no tenía horno para cocinarla…, ¡¡me habría reído a carcajadas!! Pero pasa, te prometo que pasa. Y no ocurre porque el cuerpo diga «ey, te estás pasando, deja de comer así que tenemos que adelgazar», sino porque sencillamente él sabe lo que necesita, te pedirá otros sabores, texturas y platos, y eso te permitirá comprobar que puedes confiar en él. Eso sí, toma tiempo y paciencia, y da un paso muy importante:

Entiende que todos los alimentos son accesibles.

Y sé que esto es de las cosas que quizá dan más miedo y cuestan más asimilar. Porque tener ciertos alimentos en la despensa siempre ha significado atracón y ahora no sabes cómo demostrarte que pueden no serlo. Yo te diría que con confianza y mucha paciencia. Ya ves que esta última la repito mucho; es el ingrediente principal, a mi modo de ver, de este proceso. Pero toca convencer a esa parte de ti de que se acabó la restricción, ahí fuera ya no hay monstruos, tú estás al mando y vas a poder moverte desde la máxima intuición. No de un día para otro, cuidado, no te recomiendo exponerte a todos los alimentos de golpe porque puede ser sumamente detonador. Pero recuerda: un día a la vez. Hoy probamos una cosa, y vemos qué tal funciona. Otro día otra, y lo mismo. Habrá alimentos que cuesten más, creo que es totalmente normal, pero como todo en la vida, necesitamos demostrarnos que no pasa nada. Y si pasa, sigo intentándolo hasta que el impacto sea menor. Intenta, insisto, hacer esto acompañada de una persona profesional, porque te allanará muchísimo el camino.

Te prometo que hoy en día hay alimentos en mi despensa que nunca pensé que lograría tener. Y se pueden tirar meses. Algunos, hasta caducarse. Y no es magia ni es «aguantar», es que sencillamente mi mente y mi cuerpo han entendido que ese alimento va a estar ahí sin ningún tipo de limitación. Cuando quiera. Sin condiciones. Y cuando dejas de restringir y te permites todo, los alimentos se vuelven accesibles y desaparece el miedo, o por lo menos se hace mucho más pequeñito, y sientes que confiando en tu cuerpo todo va a salir bien. Porque va a salir bien. Aunque toca hacer ese ejercicio de fe tan grande que hoy te parece sumamente complicado (y lo es). Pero merece tanto tu esfuerzo... De verdad que sí.

Comparto esto contigo porque es uno de los tantos logros que hoy consigo observar y celebrar: hace poco, en una comida con amigos, me pedí de postre una tarrina pequeña de un helado de chocolate y brownie que, durante mucho tiempo, era un alimento no solo prohibido, sino que detonaba mis atracones. Lo comí desde un lugar de libertad absolutamente maravilloso, saboreando cada cucharada sin culpa, recordando el miedo con el que lo veía antes y el lugar desde el que podía disfrutarlo ahora. Evocar esos momentos y compartir mis logros con la gente que me rodea es un momento muy importante para mí porque me sitúa en el lugar en el que estoy, me sirve también de ancla a tierra.

También recuerdo la primera ensalada que preparé con amor, añadiendo ingredientes sabrosos que la hacían superapetitosa para mí, o la primera vez que me descubrí pidiendo «judías verdes con patatas hervidas» como algo que me apetecía muchísimo comer. Se puede. No es fácil, pero tampoco imposible. Reconciliarte con la alimentación no es solo comer más equilibrado o sin culpa o atracones, es literalmente hacer las paces con alimentos que durante mucho tiempo te generan un rechazo brutal y notar cómo tu cuerpo te los pide desde un lugar superbonito.

Y sí, habrá días en que la ansiedad seguirá apareciendo y tenderá a llevarte a un atracón o a una forma de comer más descontrolada. También lo que llaman el hambre emocional, que se refiere a cuando tapamos algo que sentimos con comida porque no tenemos otra forma de regularnos (estoy aburrida y como, estoy triste y como, estoy enfadada y como...). Mi consejo para esto, igual que para todo, en realidad, es que dejes de castigarte. Mira, llevas funcionando de esta forma no sé cuánto tiempo. Has aprendido a comer para regularte, como cuando eras un bebé y la teta o el biberón te calmaban. Porque así de ancestral y vital es la alimentación en nuestras vidas, no lo olvidemos. Creo que fustigarte y sentirte un fracaso, cuando estás haciendo lo que puedes con las herramientas que tienes, es ir en contra de ti. Y eso, desde hoy, se terminó. No puedes cambiar lo que has aprendido durante AÑOS en un día. Ni en dos. No te creas a quien te venda esa inmediatez. Porque remodelar nuestra mente con nuevas creencias y formas de pensar es complejo, muy complejo. Por eso insisto tanto en que pidas ayuda y dejes de pensar que tienes que hacer esto sola. No siempre podemos hacerlo solas y no pasa nada. Sé que esto no es accesible para todo el mundo, como siempre digo, pero soy de las que creen que absolutamente todos deberíamos invertir en nuestra salud con profesionales, tanto salud mental como física. Ojalá nos sea posible.

En definitiva, estás funcionando con las herramientas que has tenido hasta el día de hoy e incluso cuando aprendas nuevas herramientas más funcionales, habrá días en los que no podrás aplicarlas. Porque no eres perfecta ni tienes por qué serlo. Porque eres una persona, no un robot. Una persona que siente, que piensa, que tiene un cuerpo y una mente con muchos sistemas complejos ya formados, una persona con una vida y un contexto que son cambiantes y que también impactan en tu bienestar y tus decisiones… Así que calma, mi niña, calma.

Empieza por comer de forma consciente, atenta a cómo tu cuerpo te da las señales de hambre y saciedad. Sé fiel a tu apetito: lo que te apetece comer y cuánto necesitas comer. Pon atención a lo que pasa cuando te permites comer desde ese lugar de calma y de permiso incondicional a tu hambre y tu saciedad (sí, al principio cuesta, lo sé, estamos practicando). Si necesitas ayuda profesional, por favor, búscala, y que sea la que realmente sientas en tu corazón que puede ayudarte. Si a tu tía Margarita le ha funcionado la dieta, pues mira, genial, pero piensa en el rigor profesional que tiene tu tía Margarita para recomendarte su dieta antes de decidir hacerla tú también. Hazle caso a tu cuerpo cuando te pida algo, escúchalo, aprende a detectar qué quiere. Poniendo esta atención a tu recuperación, te irás liberando de esas normas que hoy te limitan con la alimentación.

Pensar todo el día en comida y en tu cuerpo es absolutamente agotador y no te mereces ese castigo que, encima, es impuesto, porque no naciste con él. Puedes liberarte de esas cadenas tan pesadas, aunque no te prometo que sea fácil. Tomará tiempo, decisiones difíciles, atravesar el miedo, reprogramar tu mente, tropezar y volver a levantarte... Mi abuela Virtu siempre dice la frase «de los cobardes no se ha escrito nada» y yo sé que tú eres valiente. Lo sé porque hoy sostienes este libro y eso ya es adquirir un compromiso contigo misma, con tu esencia y tu amor más puro. Así que vamos, voy contigo, mi valiente. Libérate de esa culpa que no es tuya, y echa, por fin, a volar.

Vamos a trabajar y soltar todo eso negativo que nos decimos a la hora de comer. En este espacio, puedes escribir las cinco cosas que más te dices o te haces cuando tienes deseo por comer algo o incluso en el propio momento de comer. Hazlo sintiendo que realmente las sueltas, te desprendes y te liberas de todas esas creencias para que queden pegadas al papel y puedas adquirir el compromiso de que no sigan formando parte de ti. Desde hoy, te comprometes contigo misma a dejar atrás ese automaltrato y avanzar de una forma mucho más amorosa contigo.

*¡Ey! Y si no puedes hacerlo ahora, dobla la esquina de esta página y vuelve aquí cuando lo necesites y quieras :)

¿Y YO QUÉ?

Está claro que todas las personas podemos sufrir por nuestro cuerpo, porque es la misión principal de esta sociedad que nos quiere inconformes tooodo el rato para poder seguir sacándonos los *lereles* en cada complejo que nos invita a tener. Todas sentimos la presión estética sobre nuestros cuerpos porque tenemos los ideales de belleza metidos en las mismísimas entrañas, pero tenemos que aprender a diferenciar.

Muchísimas veces, cuando hablamos de gordofobia, hay personas delgadas que saltan a tratar de minimizar nuestro mensaje con un «¿y la *flacofobia*?, a mí también me hacen comentarios hirientes sobre mi cuerpo. Yo también sufro por él». Joder, y ojalá no tuvieras que hacerlo porque representa que tú estás en el lado bueno de las cosas. Imagínate cómo se vive desde este. Déjame decirte, y termina de leerme antes de permitirle a tu ego sentirse herido y atacado, que la *flacofobia* no existe.

¿Por qué? Porque cuando hablamos de gordofobia hablamos de un sistema que excluye, violenta y niega la existencia a ciertas corporalidades precisamente por ser como son. Las personas delgadas, por más que a nivel individual hayáis podido sufrir cosas horribles que ojalá no os sucedieran, no os veis expuestas a comentarios tan sumamente hirientes hacia vuestras corporalidades en cualquier espacio, más allá de una situación concreta de acoso (que es igualmente horrible). Hace poco Magda Pyñeiro @magdapyneiro compartía en sus stories un comentario que le llegó que decía: «Hagan un holocausto de gordos». Yo misma he recibido comentarios sobre mi muerte asociados a mi corporalidad y, por desgracia, es el pan de cada día para las que habitamos este tipo de cuerpos. ¿Habéis recibido comentarios hirientes sobre vuestra delgadez? Por supuesto. Pero vuestra corporalidad no se ha visto expuesta a ese tipo de violencia porque, pese a la presión, se sigue considerando un tipo de cuerpo aceptado, bello y sinónimo de éxito y felicidad. Las personas delgadas, aunque insisto, podáis sufrir a nivel personal o por otras opresiones, no veis vuestros derechos expuestos tooooodo el tiempo a la crueldad de esta sociedad:

- no sois excluidas en el sector del empleo por ser delgadas;
- no sois excluidas del deporte por ser delgadas;
- no sois excluidas de los medios de comunicación por ser delgadas y dar «mala imagen»;
- no sois excluidas de la cultura por ser delgadas;
- no sois maltratadas en la consulta médica por ser delgadas debido a los prejuicios de ciertos profesionales sanitarios;
- en términos generales, no sois humilladas por ser delgadas en casa, en el colegio, en la calle…;
- no se os excluye de la moda por ser delgadas, sin tener acceso a tallas en la mayoría de las tiendas;
- no os veis expuestas, por ser delgadas, a la vergüenza de no caber en una silla, en un avión, en un pasillo;
- no os veis sometidas a estereotipos que relacionan vuestra delgadez con la vagancia, la dejadez, lo que nadie quiere ser bajo ningún concepto;
- no se asocia vuestra delgadez a algo a lo que temer, rechazar y despreciar.

Y vuelvo a decir que puede haber excepciones de personas delgadas que han sufrido mucho por su corporalidad. Por supuesto. Y es triste e injusto. Pero no es la norma. Sin embargo, para las personas gordas, sí. Y debemos ser conscientes de esto para dejar de minimizar una causa tan grave como la gordofobia, la cual por fin estamos llegando a denunciar.

Necesitamos que entendáis que el activismo contra la gordofobia no va contra vosotras y vuestras vivencias individuales. Nunca jamás os haríamos pasar por el calvario que nos acompaña a nosotras y nuestros cuerpos. Pero todas tenemos que saber cuándo pasarles el micro a las personas correctas. Nosotras no invalidamos vuestras experiencias. Repito: NO INVALIDAMOS VUESTRAS EXPERIENCIAS. Vuestro sufrimiento no es menos importante que el nuestro. Tan solo están en lugares y luchas distintas. El activismo contra la gordofobia habla de una discriminación colectiva, no de casos individuales. Es más, vuestro sufrimiento individual forma parte del propio trabajo para derribar la gordofobia. Porque solo desde ese punto podemos estar en paz con nuestros cuerpos, dejar de castigarnos si engordamos o no adelgazamos y vivir en un sistema que no oprima a los cuerpos por no verse de la forma que unos cuantos quieren.

Cuando hablamos de gordofobia, hablamos de algo estructural y social que es responsabilidad de todos observar y derribar, porque no es una cosa puntual, no es un acoso concreto, sino una sociedad que está diseñada específicamente para señalar, humillar, discriminar y rechazar las corporalidades gordas, sin excepción. La gordofobia está normalizada, convive con nosotras, la encontramos en todos sitios, muchos más de los que puedas imaginar. Me ha pasado muchas veces ir con mis amigos a tiendas, o de paseo, y que ellos nunca se hubieran planteado que yo no pudiera comprar en ninguna tienda prácticamente, o que no cupiera en las sillas. Que llegara un evento y no tuviera marcas que quisieran vestirme. Todo eso es lo que llamamos el privilegio de la delgadez y que a tantas personas todavía os toca el ego y no lográis entender como una crítica colectiva y no un ataque individual. Estoy segura de que eres buena gente y que, si pudieras elegir, no te gustaría tener más privilegios que yo por tener una corporalidad concreta. Solo te pido que, ya que seguimos trabajando en ello, por lo menos me escuches y no te sientas atacada cuando te cuento lo que esta sociedad ha hecho contigo y conmigo. Porque que las personas delgadas neguéis la realidad de las personas gordas también es un claro triunfo para esta sociedad. Rivalizarnos, enfrentarnos, que nos peleemos entre nosotras para que nos olvidemos de quién tiene la responsabilidad grande de la situación.

Las personas gordas llevamos mucho tiempo viviendo esto en silencio y normalizando cualquier tipo de violencia sobre nuestros cuerpos, creyendo que la merecíamos. Nuestra vivencia y la estructura de este sistema es todavía algo que debe darse a conocer más y más y más. La única forma de poder acabar con esto es entendiendo cómo funciona y cómo nos atraviesa.

No te pido que no hables de tus complejos o de cómo de difícil ha sido para ti amarte. Me parece sumamente inspirador que lo hagas y visibilices la crueldad de esta sociedad hacia todos los cuerpos. Pero no quieras que tu sufrimiento esté por encima del nuestro, no compares tu vivencia con la nuestra, porque están en lugares bien distintos. No hagas vídeos forzando una barriga que no tienes, *espachurrando* tu cuerpo para mostrar cuatro puntitos de celulitis. Me creo que has sufrido, sin necesidad de que hagas eso. Aunque no tengas una barriga abultada. Aunque no tengas mucha celulitis. Me creo que te haya costado aceptarte y quererte en una sociedad tan hostil con los cuerpos. Tan solo imagínate cuánto cuesta cuando absolutamente todo te empuja a no hacerlo.

Tu alianza, tu apoyo, tu escucha desde el corazón, es la que nos ayuda a frenar conversaciones gordófobas en ambientes normativos, la que construye una red de apoyo, la que me permite sentirme comprendida y no señalada. Nos necesitamos unidas, no enemistadas.

EL TÚNEL DE LA VIOLENCIA ESTÉTICA

TODAS TENEMOS COMPLEJOS, ¿POR QUÉ SERÁ?

Como hablábamos en el capítulo del deseo de adelgazar, esta sociedad está perfectamente diseñada para que estemos disconformes con nuestros cuerpos. Es la única forma de tenernos atadas a los tratamientos, productos y «soluciones» que nos ofrecen para encajar en sus moldes «perfectos».

Esta sociedad nos quiere inconformes, odiando a nuestros cuerpos, batallando entre nosotras para decidir quién sufre más, solo para que sigamos comprando sus discursos sobre salud, sobre belleza, sobre éxito y felicidad. La única forma de que sigamos comprando sus productos para «arreglarnos», pagando sus carísimos tratamientos de belleza para «cuidarnos» e intentando caber en sus tallas para «ir a la moda», es enseñándonos a odiarnos y ofreciéndonos en la otra mano todo su abanico de productos. Te sabes la de «calladita estás más guapa», ¿verdad? Pues es básicamente lo que esta sociedad quiere, así que podríamos decir que amarnos en estos tiempos es bastante antisistema.

Justo antes de este capítulo hablaba de cómo el activismo contra la gordofobia a veces genera en algunas personas esa sensación de desamparo de «ey, no me saquéis de esta ecuación, yo también sufro». Lastimosamente, esta es la prueba más clara de que el problema nunca jamás ha estado en nuestros cuerpos.

Si estás gorda, toda la vida habrás aprendido que estar delgada era la solución a tus problemas.

Si estás delgada, has crecido con unos privilegios de los que muchas veces no eres consciente y con el miedo inherente a que tu cuerpo cambie y se acerque al lado oscuro, es decir, la gordura.

Pero espera, ¿ahora resulta que los del bando guay, «la chupi pandi», también tienen complejos? Pero a ver, espera, si erais una representación del lado bueno de la historia. No me digas que..., entonces..., aunque adelgace... ¿voy a sufrir por mi cuerpo? ¿Voy a vivir preocupada por los cambios que se den en él? ¿No estoy libre de todo esto?

¡BIENVENIDA A LA FIESTA DE LA VIOLENCIA ESTÉTICA Y LA TIRANÍA DE LA BELLEZA!

En esta fiesta no hay gusanitos ni Cheetos. Lo sentimos. De aperitivo tenemos miedos y complejos, para beber un buen cóctel de inseguridades y el plato fuerte es gordofobia al ajillo. Y te lo querías perder.

Ya hemos hablado antes de las principales diferencias entre un sistema opresivo y los mandatos de belleza o violencia estética. Espero que, llegados a este punto, puedas comprender con mayor claridad que, desde nuestro activismo, nadie niega las dolorosas realidades del resto, sino que de una vez por todas alzamos la voz para defender nuestra parcelita. Te prometo que es algo que nos beneficia a todas, más de lo que puedas llegar a imaginar.

Ahora bien, ya hablábamos del deseo de adelgazar, algo más que obvio y evidente en una sociedad como esta, pero ¿qué pasa con el deseo de modificar mi cuerpo? La típica conversación de «si quiero adelgazar, ¿no me quiero?», «si quiero operarme, ¿no acepto a mi cuerpo?».

Pues igual que en el deseo de adelgazar, eso lógicamente siempre será una decisión finalmente tuya. Nadie tiene la respuesta correcta ni puede determinar si tu decisión es buena o mala. No hay persona en el mundo que sepa lo que está bien y mal, porque eso depende siempre de quién lo mira. Ahora bien, podemos por supuesto reflexionar y sacar nuestras propias conclusiones con el fin de forjarnos una opinión. Al final, todas las decisiones que tomamos para modificar a nuestro cuerpo vienen del rechazo al mismo. Esto es así. Lo que pasa es que ese rechazo puede variar en el grado. Es decir, habrá personas que, en una escala del 1 al 10, sientan un rechazo de nivel 4 y otras de nivel 10, y ambas tomarán decisiones sobre modificar su cuerpo desde ese nivel.

Como te decía en el capítulo «El deseo de adelgazar», creo que lo importante es tener claro desde dónde tomamos nuestras decisiones y para qué las tomamos. Claro que si te gustara tu cuerpo y lo amaras tal y como es, no lo someterías a cirugías invasivas o a procesos duros para que se viera de otra manera. Pero a la vez, sé que todas libramos batallas muy *heavys* para sobrevivir en una sociedad tan tirana con los cuerpos. Así que todas lo estamos haciendo lo mejor que sabemos, que ya es mucho. Yo siempre siempre siempre te voy a invitar a que te cuestiones todo. Es el camino más cansado, esto es así, pero a la vez en el que más aprendes. Es en ese camino donde puedes desechar ideas sobre cómo debería verse tu cuerpo o darte cuenta de que tomar según qué decisiones puede ayudarte a vivir de una forma más pacífica con tu cuerpo (aunque debas seguir trabajando por otras vías ese amor al mismo). Y aunque lo ideal sería que todas nos amáramos como somos y no tuviéramos que modificar nada para sentir que podemos tirar pa'lante, la realidad siempre se impone.

Con esto quiero decir que no soy de esas personas que se posicionan a favor o en contra de la cirugía estética. Lógicamente, con todo lo aprendido, no voy a ser yo quien te invite a operarte para sentirte mejor contigo misma. Básicamente porque tengo claro que por ahí no es. Pero a la vez, yo misma he deseado mucho (y a veces todavía lo hago) modificar cosas de mi cuerpo que me acercarían a una normatividad en la que sé que me sentiría más cómoda. Así que, aunque esté muy aferrada a mis ideales y sepa que no lo haría por el amor profundo que siento hacia mi cuerpo, no soy nadie para juzgar a quien lo haga ni puedo decir «de esta agua no beberé», porque yo-qué-sé. Mi intención simplemente es tratar de ayudarte a ser más consciente de las decisiones que tomes para con tu cuerpo. O eso pretendo.

Vamos con el momento anécdota, que yo sé que te encanta. En una de las épocas que más dietas hice, y junto al cóctel que formaban estas con mi TCA, perdí mucho peso, y ya se sabe que tú querrás adelgazar de muchos sitios, pero la primera masa que se va es la de los pechos. Esto es así. Da igual lo que tú te empeñes en perder barriga o cartucheras, cariño, el cuerpo va a su ritmo, aunque tú no te enteres. Total, que con dieciocho o diecinueve años, mis pechos se quedaron bastante vacíos y la chicha estaba en otros lados donde yo no la quería. Así es la vida. Estuve bastante tiempo recorriéndome centros estéticos donde pedía presupuesto para operarme y hacerme una reconstrucción mamaria. En mi caso no era un simple aumento de pecho, ya que con toda la masa que había perdido en los senos, la operación consistía en hacerme unas tetas nuevas. Básicamente. La operación no solo era costosa a nivel monetario, algo que en mi casa no podíamos permitirnos, sino costosa en cuanto a recuperación y cuidados. Como yo llevo trabajando desde los dieciséis años y no nos podíamos permitir que parara de hacerlo, operarme el pecho era algo que iba postergando hasta tener unos mesecitos sabáticos donde poder operarme y descansar lo suficiente. Cosa que tampoco llegó. Bueno, ahora viene la parte interesante.

Cuando empecé a trabajar en mi autoestima y en todo lo relacionado con ella, una de las partes que me gustó y me costó trabajar, a partes iguales, fue deshacerme de todas esas ideas que me convencían de que haciendo x o y, sería más feliz. Con el tiempo y los buenos *cucos* invertidos en terapia, me di cuenta de que todos esos «retoques» que quería hacerme eran formas de tapar la incomodidad que sentía hacia mi cuerpo gordo. ¿Significa eso que si decidiera operarme lo estaría haciendo mal? Depende.

¿Mal para quién? Para mí lo importante es la reflexión previa, es que realmente sepamos de dónde vienen nuestras decisiones, ese saber que «vale, me voy a operar. Sé que, si esta sociedad no fuera tan tirana con los cuerpos, probablemente no tomaría esta decisión, pero prefiero tomarla en este momento para sentirme mejor conmigo misma, aun sabiendo lo que supone para mi cuerpo pasar por algo así y sabiendo también que tengo que trabajar en mi autoestima para que mi bienestar no dependa de esto». Quizá no sería un *speech* tan concreto el de una consigo misma, pero vamos, en mi opinión por ahí iría la cosa.

Claro que operarme el pecho y vérmelo colocado en ese espacio perfecto para lucir un escotazo me haría sentir bien cuando quisiera ponerme un body apretado o un sujetador en el que no tuviera que hacer malabares para que quedaran recogidos. Incluso a veces pienso en las heridas por rozadura que me salen en verano, para las que un pecho más elevado podrían ser una solución. Por supuesto que soy consciente de que una decisión como esa me daría cierta satisfacción al verme en el espejo y conseguiría paliar ese complejo que lleva tiempo acompañándome, pero también sé que lo haría porque iría asociado a que mi cuerpo es más normativo y atractivo a la mirada ajena, que a su vez es la misma forma en la que yo he aprendido a mirarme (a través de la aprobación de los demás). *Vaya croquis te he hecho en un momento.*

El resumen sería que miramos a nuestro cuerpo de la forma que nos han enseñado, la cual es a través de la validación externa (gustando a los demás) y consiguiendo esa validación a través de lo cerca que estemos de la normatividad (cuanto más te parezcas a lo que se considera normativo, más bella me parecerás). Y también nos merecemos tomarnos el minutito para reflexionar sobre eso.

Y ya sabes, o espero que sepas después de repetirme más que el ajo, que nunca osaría señalar o culpabilizar a quien decide hacerlo. Recuerda que suficiente estás haciendo ya. En mi caso, sencillamente decidí pararme a reflexionar sobre esa decisión y hasta qué punto era cierto que podría contentarme. Unos pechos nuevos podrán favorecer que me vea más normativa en el espejo, sí, pero no nací odiando mis pechos ni elegí hacerlo. El rechazar su forma y su caída es algo que se me enseñó, como tantas otras cosas, y debo darme el espacio para pensar si quiero hacerle caso a lo que diga el exterior o respetar la forma y funcionalidad de mi cuerpo en su totalidad. Yo, hoy por hoy, sigo eligiendo habitar esta piel tal y como es, pero tampoco sé qué haré mañana ni sé cuánto más seré capaz de obviar los mensajes de ahí fuera. Si algún día decido hacerlo, por lo menos sabré que le he puesto la mayor de mis conciencias. Algo es algo. Sociedad 1 - Mara 0,5. Me has cazado, pero yo te he pillado primero, querido sistema.

Conozco, y seguro que tú también, a muchas personas para las que un retoque estético ha supuesto un paso brutal hacia su aceptación y bienestar. Pues pa'lante con ello, amigas. Pero siempre sabiendo que nada externo va a poder darnos los niveles totales de autoestima y bienestar. Eso siempre serán recursos, opciones, que deberemos complementar con un trabajo interno o se convertirán en el cuento de nunca acabar.

Yo siempre he querido ser delgada. Siempre es siempre. Cómo no quererlo con todos los mensajes que he recibido desde que tengo uso de razón sobre los cuerpos, después de todo el bullying sufrido durante años y los cientos de miles de comentarios que he recibido sobre mi aspecto. Además del cuerpo en sí mismo, siempre ha habido dos cosas que me han molestado especialmente: mi barriga y mis pechos. En mis fotos de adolescente ya me veo metiendo barriga y me resulta curioso y bonito a la vez ver que ya tenía la forma que hoy mantiene. Vamos, que mi barriga ha estado ahí siempre, intentando ser y ocupar su espacio. Recuerdo perfectamente decirle a mi madre que con dieciocho años iba a ir de cabeza a hacerme una buena *lipo* porque «esta barriga (acompañada de su buen pellizco cargado de asco) es horrible». Luego deseché esa idea porque pensaba en ser madre y, claro, todo el trabajazo y el dineral que me iba a costar la liposucción se iba a ir al garete si me quedaba embarazada. Pues menos mal, la verdad.

Sentía que teniendo un pecho más «bonito» (según lo estipulado) o una barriga más plana, conseguiría calmar el profundo rechazo que sentía hacia mi cuerpo cada vez que me miraba en el espejo. Hasta ese punto tan inconsciente llega la gordofobia.

Así pues, creo que lo importante no está en señalar a quien toma ese tipo de decisiones. Por supuesto, yo tengo mi propia opinión sobre esto, pero es que solo es eso, mi opinión, no la verdad absoluta. Creo que, por encima de ella, lo verdaderamente importante es hacer una buena reflexión y darnos cuenta de que todas tenemos complejos, no importa lo maravillosa que parezca nuestra vida, y que llega un momento en el que hay que de decidir hasta cuándo vamos a dejar que esos complejos limiten nuestra vida. Hasta cuándo vamos a tomar decisiones de forma totalmente inconsciente. Hasta cuándo no vamos a cuestionar las cosas que pensamos, decimos y hacemos. Hasta cuándo vamos a permitir que sea la sociedad, con sus normas cambiantes, quien dicte cómo debemos ser. Y a partir de ahí, acércate a tu felicidad como mejor consideres.

HE ENGORDADO

Voy a decirte eso que te resistes a escuchar: el cuerpo cambia. Cambia como la propia vida cambia, porque en ella no hay nada estanco, todo fluye. Tu cuerpo cambia porque en tu vida pasan cosas que le afectan directamente a él. Tu cuerpo no es el enemigo que va contra ti y quiere fastidiarte y hacerte sufrir. Él forma parte de ti de una forma bastante *heavy*. A tu cuerpo le llega todo eso que piensas, que sientes, que dices. El estrés, la tristeza, la alegría, el enamoramiento. Los mensajes de «das asco» y los de «eres maravilloso».

Claro que tu cuerpo cambia durante el embarazo. Estás creando vida. Estás obviando la majestuosidad de tu cuerpo, que es capaz de crear vida (ey, y si no puede crearla, es majestuoso igual, *¿capisci?* Este ejemplo viene por la resistencia al cambio en este proceso, no para valorar esta capacidad como tal), por entretenerte pensando en el grandísimo fracaso que supone haber ganado peso o cambiado de forma.

¿Fracaso para quién? ¿Quién dice cómo tiene que verse el cuerpo de una persona embarazada? Ah, ahora todas tenemos que tener una barriga perfectamente redonda, con el ombligo bien bonito, y el resto del cuerpo tonificado como si no estuviera bombeando veinte mil millones de hormonas por segundo, como si no vomitaras todo lo que comes y no hubiera un pequeño bebé pateando tus costillas. Muy natural todo, ¿no? ¿No debería ser lo más importante estar sana durante el embarazo?

Claro que tu cuerpo se hincha a lo largo de tu ciclo menstrual. Y si no menstrúas, según qué comida ingieras, también. O según lo estresada que estés. O según lo bien o mal que vayas al baño.

¿Qué quieres de tu cuerpo? ¿Que también sea estático *por los siglos de los siglos, amén?* ¿Por qué? ¿Qué pasa si no es así?

Que me siento un fracaso.

Que algo estoy haciendo mal.

Que me he descuidado.

Que no soy suficiente.

Que no valgo.

Que soy fea.

Y eso me excluye.

Me deja fuera.

Me aísla del lado bueno.

Y no quiero.

Tu cuerpo es tu vehículo. Te ha traído hasta aquí con todo. Con los castigos, con el rechazo, con tus vivencias, con tus traumas, con tus desamores, tus alegrías, tus tropiezos, tus victorias. Te sigue trayendo aquí. Y si se transforma, es el resultado de cuantos cambios haya en tu vida. Cambia porque eres un ser que siente, que late, que vive. Un ser que sufre, que se alegra y se enfada, que se enamora y se rompe en añicos. Un ser que ha aprendido a callar sus emociones y ellas se empeñan en salir. También por eso el cuerpo cambia.

Así que, si la ropa ya no cabe, la vendemos, la donamos o la usamos para trapos. Dejamos de intentar volver a caber en aquellos pantalones tan chulos y buscamos otros, todavía más chulos, que se adapten a nuestra forma de hoy. Y lo mismo en la vida. Dejemos de intentar caber en espacios donde sencillamente no cabemos: personas, relaciones, situaciones… Y sintámonos dignas, de una vez, de ocupar el espacio que ocupamos. Y si a los demás no les gusta que haya engordado, pues que se fastidien. Porque yo no tengo por qué vivir en contra de mi cuerpo solo porque a los demás no les parezca lo correcto.

Desafía esas creencias tan jodidas que te hacen pensar que

cambiar tu cuerpo y tu peso es la solución radical a todos tus problemas. Aceptarte implica alejarte de esa idea de cómo es el cuerpo ideal y de la fijación de que un cuerpo delgado es mejor en todos los sentidos. En este momento tu cuerpo se ve así y es el resultado de muchas cosas, la mayoría incontrolables por tu parte. El peso no determina la valía de una persona ni tampoco muestra el estado de salud de alguien, por lo que sé consciente del daño que puede hacerte empezar una nueva dieta, con toda la información que tenemos ya sobre el tema.

No te ha funcionado hasta hoy porque iniciar otro proceso así desde el odio hacia tu cuerpo no te acerca a la salud. Y eso no es rendirte, es aceptar con amor y compasión las cosas tal y como son. Es mejorar tu bienestar aceptando que la diversidad corporal existe y que no hay motivo alguno por el que merezcas odiar cómo te ves en el espejo. Tienes que mirar por tus necesidades, por tu bienestar, por tu salud. Tres cosas que están al lado opuesto del rechazo, el miedo y la culpa que hoy te invaden al mirarte en el espejo.

Ahora pregúntate, con la mano en el corazón: ¿qué es lo que realmente te hace sentir mal de engordar? ¿Qué idea, creencia o miedo se esconden detrás de ello? ¿Qué sientes que pasará en tu vida si engordas? Tómate un momento para responderte con sinceridad.

Vengo a proponerte el ejercicio más revolucionario de este libro y te pido, te imploro, te ruuuuuego que te tomes algún momento de tu día para hacerlo, porque estoy segura de que el *power* que vas a sentir después no tiene comparación.

¿Cuántas veces has medido tu progreso por cómo te quedaba una prenda? ¿Cuántas veces has guardado en tu armario una prenda «para cuando adelgace»? ¿Cuántas veces no caber en esa prenda te ha hecho sentir pequeña e insuficiente? Estoy segura de que muchas, al igual que a mí.

Durante años guardé muchas prendas con la esperanza de volver a caber en ellas y sentía que hacerlo me otorgaba un valor mucho mayor. Sentía que caber en esa prenda determinaba mi fuerza de voluntad, mi valor como persona. Y también al contrario. Si lo que pasaba era que no entraba en ella me sentía horrible, totalmente incapaz de hacer algo bien, un absoluto fracaso. A ese nivel nos llevan la presión estética y los mandatos de belleza. ¿Ves lo injusto que es?

Bien, pues hoy vamos a terminar con eso. Vamos a terminar con ese pensamiento de que tu valía está puesta en una prenda, una talla o una medida. Vamos a sembrar el merecimiento, porque sí: eres merecedora. Merecedora de amor, de paz, de armonía con tu cuerpo. Mereces que la ropa se ajuste a ti y no intentar ajustarte tú a ella, llevando a tu cuerpo al rechazo y el castigo.

Vamos a hacer tú y yo una ceremonia. La ceremonia del MÁS YO QUE NUNCA. El cerebro no solo necesita palabras, sino actos, así que vamos a darle caña de la buena. Confía en mí.

Quiero que elijas una lista de reproducción, canción o artista que te dé mucho subidón. Esa música que te hace sentir como una DIOSA con mucho *power* y te levanta el ánimo en cualquier momento. ¿La tienes? Vamos.

Ahora quiero que cojas esa prenda (o una de todas) que esté sirviéndote de medidor para controlar tu «progreso». Esa prenda que más te haga llorar frente al espejo, la que más te esté costando asumir que no puedes usar. Desde hoy, esa prenda será la prueba de que YA NO MÁS. Ya no más poner mi valía en ella, ya no más sentirme mal por no poder usarla, ya no más sentirme insuficiente.

Quiero que, al ritmo de esa música que te anima, cortes esa prenda y pegues en el siguiente recuadro un retal. Sí, así, como lo lees: quiero que la rompas a pedazos y pegues aquí un retal para recordarte que desde hoy este es tu nuevo compromiso contigo misma.

Entiendo que esta idea pueda generarte resistencias: «me costó mucho dinero», «prefiero dársela a alguien que pueda usarla». Pero ¿cuánta salud mental te está costando? ¿Cuántas oportunidades de regalarla has tenido y no has podido llevarlas a cabo por la resistencia mayor de querer convencerte de que algún día podrás usarla?

Tomar acción es lo que realmente va a servirle a tu mente para entender que ya no estás dispuesta a ponerte en segundo lugar. Tú vas primero.

Haz una foto a tu obra maestra y súbela a redes sociales con el hashtag #MasYoQueNunca. Nadie más sabrá de qué va esto, pero nosotras sí y cuando lo veamos nos po-

dremos lanzar un mensaje de apoyo. Quizá el resto se animan a descubrirlo.

¿Te apuntas?

***¡Ey! Y si no puedes hacerlo ahora, dobla la esquina de
esta página y vuelve aquí cuando lo necesites y quieras :)**

#MásYoQueNunca

NO NACISTE ODIÁNDOTE

Cuando aprendes a rechazar a tu cuerpo, te sale automático encontrarle defectos y poder decir cosas negativas sobre él. Muy probablemente, si te pidiera que dijeras cosas «malas» sobre tu cuerpo o sobre ti, no tardarías ni un minuto en extender una larga lista. Que si arrugas, que si estrías, que si la nariz, el pómulo, el pelo, la grasa. Que si eres muy perezosa, que si tu carácter fuerte… Para decirnos cosas negativas, nos pintamos solas. Ahora, la cosa cambia cuando toque pedirte que digas algo positivo. Ahí podemos tardar mucho. Estamos tan acostumbradas a comentar negativamente sobre los cuerpos en general, no solo los nuestros, que dedicarnos palabras de amor se considera todavía un acto de ego y de vanidad. Hay que saber diferenciar cuándo nuestras palabras están dirigidas desde el pensamiento de ser el mejor ser humano del planeta contra el que nadie puede competir (en tal caso, hablaríamos de vanidad) y cuándo sencillamente reconocemos nuestras virtudes y nos tratamos con el amor y la seguridad que merecemos (esto sería amor propio).

Reparar la relación con el cuerpo tras años de sufrimiento no es nada fácil. Como ya hemos hablado, nuestros pensamientos vienen determinados por nuestras creencias, que son todas aquellas ideas que se han grabado a fuego en nuestra cabecita y a través de las cuales construimos lo que se conoce como «realidad». Echa cuentas del número de realidades que habrá con todos los que somos y lo que llega a pasar por nuestra mente… Es todo lo que aprendimos de pequeñas, sobre todo, cuando nuestro cerebro es literalmente una esponja de estímulos y se forman nuestras primeras heridas, traumas e interpretaciones de la realidad. Por lo tanto, todo lo que piensas hoy es el resultado de tu educación, de los valores que te inculcaron, de las relaciones personales con tu entorno, del contexto sociocultural y político en el que vives... Vamos, que si no haces el ejercicio de cuestionarte e indagar qué hay en tu cabecita, hay poco margen para la verdadera libertad de pensamiento y opinión.

Sabiendo esto, podemos aclarar que tus pensamientos sobre tu cuerpo no son realmente tuyos y esto implica que igual que esos pensamientos vinieron a ti, pueden irse. Aunque cueste un poquitín.

Cambiar esos pensamientos negativos hacia nuestro cuerpo requiere de entrenar mucho la autocompasión. Tendremos que hacernos preguntas para entender de dónde viene ese malestar (yo siempre siempre siempre te voy a recomendar que hagas esto con profesionales, en un proceso terapéutico. Recuerda que esto pretenden ser herramientas de acompañamiento, pero pueden no funcionarte, puedes necesitar ayuda para saber aplicarlas o profundizar en muchas otras cosas antes de aplicarlas), tendremos que poner mucha atención a lo que pensamos de nosotras mismas o nos decimos y tendremos que entrenar la habilidad para tratarnos como trataríamos a alguien a quien amamos profundamente, sea nuestra niña interior o alguien cercano a quien queremos. En mi experiencia, desde ahí me ha sido mucho más fácil trabajar la compasión, hasta que poco a poco, tomando conciencia de todas mis virtudes y mis cualidades como persona, he podido aplicarla a *mi vida, para mí*, sin tener que pensar en otra persona. Como mucho, en mi niña interior.

Otra cosa muy importante es entender que no siempre te va a gustar todo de tu cuerpo. Recuerda lo que has leído unas páginas antes sobre cómo la sociedad nos entrena a mirarnos. Es entendible que haya momentos en los que aparezcan en ti pensamientos algo negativos o incluso distorsionados. Creo que lo importante en esto vuelve a ser la conciencia que le ponemos a la situación.

Yo también tengo días en los que me levanto y me cuesta mirarme al espejo. Esos días donde tú sabes que la cosa se está torciendo porque chequeas el tamaño de tu barriga, incluso la tocas con algo de desprecio, te cuesta mirarte con amor… Un día de mierda, ya está, por el motivo que sea. A veces ni siquiera el problema está en nuestro cuerpo, pero hemos aprendido a volcarlo ahí y nos toca elaborar nuevas herramientas. Con el tiempo y la terapia entendí que me quiero aunque no me vea bien.

Un día subí un vídeo junto a esta metáfora que me vino a la cabeza y que se ajustaba mucho a lo que pensaba en ese momento: ¿sabes cuando los niños hacen un dibujo o una manualidad para regalártela y quizá ellos creen que no les ha quedado lo suficientemente bien o el resultado no es bonito (desde el prisma de la belleza que conocemos y les inculcamos hoy), pero aun así te parece tan tierno y tan valioso su esfuerzo, que no solo le agradeces su gesto, sino le sigues queriendo igual o más? ¿O incluso a ti el regalo te parece espectacular?

Pues a eso me refiero. Puedo quererme y me quiero porque soy mucho más que lo que mi mente interpreta en el espejo hoy. Puedo reconocer que mi cuerpo es válido, que es merecedor de respeto y amor por todo lo que hace por mí, por cómo me sostiene día a día, por cómo perdona cada rechazo que he sentido hacia él, por cómo me permite disfrutar de mi vida… Aunque no se vea de la forma en que me han hecho creer que debería verse.

Quizá hoy me disguste el tamaño de mi barriga. Pero pese a eso, puedo elegir tratarme y tratarla con respeto. Quizá puedo decirme alguna frase reconfortante, algo que me calme o me haga volver a la gratitud hacia mi cuerpo. En mi barriga, por ejemplo, residen mis órganos, se digieren los alimentos que me mantienen nutrida y podría darse el caso de hacer crecer vida en su interior.

Puedes encontrar otros motivos por los que sentir gratitud hacia tu cuerpo, no solo tu barriga. La gratitud es un elemento que nos ayuda en muchísimos aspectos para salir del discurso mental que estamos teniendo y volver a pisar firme en el presente, en el ahora. También requiere de práctica, sobre todo porque cuando odiamos a nuestro cuerpo durante mucho tiempo sale la exigencia que nos han enseñado a tener, a decir «sí, claro, ya, dar las gracias ¿por qué y a quién? ¿A este cuerpo indeseable? Bah», pero te invito a pensar algo: hasta ahora, lo que has hecho no te ha funcionado. Es decir, tratarte mal, odiarte, sentir asco hacia determinadas partes de tu cuerpo solo te ha llevado a lugares de dolor y sufrimiento. Te has convencido de que no mereces amor, sino castigo y rechazo por verte en el espejo de una determinada manera. Si ya sabes que esa vía no te ha funcionado, porque si no no creo que sostuvieras este libro en tus manos, ¿qué pasaría si probaras otras formas?

Venga, vamos a jugar, porfi. Hagamos la mayor *performance* de una persona que se quiere: ¿cómo sería?, ¿cómo se hablaría?, ¿qué pensaría sobre sí misma? Quizá tú te sientes superlejos de llegar a ese punto, pero ¿qué cosas podrías hacer hoy para acercarte un poquito más a esa visión de ti amándote a ti misma?

Venga, a lo loco:

¿Qué pasaría si...

... desde hoy te trataras como un ser humano espectacular?

... cada mañana te dijeras una cosa buena sobre ti? Venga, solo una.

... cuando te pillaras pensando mal sobre ti o hablándote mal, te reconfortaras con una palabra de cariño como reconfortarías a tu niña interior o a una niña pequeña que quieres muchísimo?

... te tomaras un instante para agradecerle a tu cuerpo lo que hace por ti?

Recuerda, estamos jugando. El juego al que jugabas hasta ahora no te ha funcionado, como tampoco me funcionó a mí. Así que quizá empezar por cambiar las reglas del juego puede cambiarlo todo..., ¿no te parece?

Hay una frase del libro *El cuerpo no es una disculpa* que me fascina (bueno, todo el libro me fascina) porque dice: «Odiar a tu cuerpo es como encontrar a una persona a la que odias y después elegir pasar el resto de tu vida con ella, odiando cada momento de la relación». Guau, qué acertado, ¿verdad? Qué forma tenemos de vivir una vida ancladas al odio hacia la única cosa que va a venir con nosotras hasta el final de los días.

Hay otra posibilidad. Te lo prometo.

Y tampoco te juzgues ni te fustigues por esos pensamientos negativos sobre ti misma. Están ahí porque un día aprendiste que los necesitabas para funcionar. Ahora toca reeducar a la mente para que entienda que podemos avanzar con herramientas más funcionales que esa y que mereces el amor y respeto que nunca debieron arrebatarte.

Aprendiste a odiarte porque todo el entorno te enseñó a hacerlo. Porque las miradas del resto te invitaban a rechazar lo que eras. Porque, al igual que tú, los demás también educaron su mirada a lo que era bello y lo que no, y lo volcaron sobre ti. Es triste darnos cuenta de que nuestros primeros recuerdos de odio a una misma o de rechazo vienen de la infancia. Joder, es demasiado temprano para odiarse (aunque nunca deberíamos hacerlo). En mis charlas, la grandísima mayoría de personas recuerdan su «primera vez» con la vergüenza corporal cuando eran niñas. Imagínate qué diferente sería la historia si desde esa edad nos invitaran a apreciar la diversidad corporal, que eso sí es la realidad, para darnos cuenta de que ser diferentes es lo normal. Y que no pasa nada. Que está todo bien.

Esa vergüenza que sientes hacia tu cuerpo lo ha eclipsado todo y te ha negado la posibilidad de hacer aquellas cosas que te gustaban, de ser quien has venido a ser a este mundo, de aportar todo lo que hay en ti. Analiza ese primer momento que venga a tu mente de cuando empezaste a sentir esa vergüenza corporal. Dónde, cómo, por qué. No eres tú. No es tu cuerpo. No es quien te hizo ese comentario. Es la forma en que nos enseñan a mirarnos. Te prometo que en el momento en que te veas a ti misma siendo capaz de hacer esas cosas que antes eran impensables, cuando sientas tu valentía, cuando des pasos aun con miedo… ahí crecerá tu autoestima. Eso no solo va de lo que ves en el espejo.

Ah, y otra cosa: no te machaques más por no haber sabido hacerlo diferente hasta hoy. Ahora estas aquí, con toda esta información delante. Respira, asimílala, mira cómo puedes integrarla en tu vida, y vamos pasito a pasito pa'lante. Sé compasiva con tu historia, con tu proceso, abraza a esa niña que un día aprendió a odiarse, y en vez de querer cambiarlo todo en un día y querer darle YA a ese botón que parece que es la autoestima, ve recomponiendo pieza por pieza el daño que ha hecho todo ese odio hacia ti: un día comemos sin culpa, otro exploramos el movimiento, otro soltamos el odio hacia la gente que nos hirió, otro nos decimos palabras bonitas… y a seguir.

Y para esa parte de tu cuerpo que no te gusta:

Te quiero tal y como eres.
Siento no poder verte con el cariño
que mereces, pero estoy aprendiendo y
te agradezco todo lo que haces por mí.
Tu forma es única y poco a poco
entiendo que eso es lo que te hace
especial.
Voy a dejar de castigarte por verte así,
y a abrazarme los días en que
no lo consiga.
Estamos juntas en esto y sé que
lo lograremos.

♡ Amara

**Trátate con la amabilidad que reside
en tu corazón. Confía plenamente
en el amor y el potencial de tu alma.
Abraza el dolor y los momentos
incómodos: son parte del proceso.**

Te mereces amarte, igual que el resto.

LA ESCUELA
DE LOS TRAUMITAS

LE ESTÁS HABLANDO A ELLA

Había una vez, en un reino muy muy cercano, una chica llamada Alma que andaba siempre de la mano de una niña pequeña: Almita. Iban juntas a todas partes, aunque muchas veces Almita pasaba desapercibida para Alma, una chica de casi treinta años que vivía sumergida en la vorágine de la vida diaria: los ruidos de la gran ciudad, las obligaciones de ser adulta, el estrés de un trabajo que no le gustaba...

Alma solía enfadarse y sentir que el mundo estaba en su contra. A veces sentía una presión en el pecho o unas ganas de llorar muy muy fuertes, que no sabía de dónde venían. Sentía que había recuerdos en su mente que le dolía recordar. Eran recuerdos de momentos que alguna vez le hicieron daño y que había guardado en un cajón muy al fondo de su corazón, donde no pudieran verse fácilmente.

Alma solía regañar a Almita cuando las cosas no le salían bien. Cuando ella se tropezaba o se le caía algo al suelo, daba un tirón de brazo para regañar a Almita, la cual no había tenido nada que ver con la situación.

«Pero mira que eres torpe, Almita. No se puede ir contigo por la calle, ¡no haces más que caerte!». «No tienes cuidado con las cosas, Almita, todo se te cae. Eres un desastre, ¡no sirves para nada!». Con cada crítica y cada ataque, Almita se iba haciendo un poco más pequeña, como si de un globo desinflándose se tratara, y su color se iba tornando cada vez más transparente.

La gente que la veía pensaba «qué cruel es Alma, ¡siempre culpando y criticando a Almita por las cosas que ella misma hace mal!», pero Alma no se daba cuenta de que estaba volcando en Almita todas esas cosas. Para ella, esa forma de hablarle era lo normal. Tampoco reparaba en cómo la pequeña se iba volviendo transparente y su tamaño disminuía con cada crítica que le lanzaba.

Almita, por su parte, estaba acostumbrada a que Alma le mostrara poco afecto. Ella siempre quería jugar con Alma y proponerle planes divertidísimos, pero el ser adulta había convertido a Alma en alguien mucho más aburrido y serio, pensaba la pequeña. Cuando intentaba convencerla de hacer una travesura, Alma respondía que no muy enfadada, y le prohibía volver a hablar durante un rato.

Almita soñaba con que Alma la quisiera un poco más. Ella también se sentía triste a veces, pero quería jugar, gritar, cantar y recibir algún abrazo de vez en cuando. Sin embargo, Alma parecía no escucharla. Poco a poco, el silencio y el escaso amor que recibía iban haciendo de Almita un ser cada vez más pequeño y transparente. Si Alma no se daba cuenta de que ella estaba ahí, si no reparaba en su presencia y se decidía a abrazarla y quererla, llegaría un momento en el que Almita desaparecería y solo existiría en la memoria de Alma.

Un día, al llegar a casa, Alma parecía no encontrarse bien. Era incapaz de encontrar su dolencia: no le dolía la cabeza, ni la garganta, ni la tripa. No tenía fiebre, ni sentía necesitar ninguna medicina. Sin embargo, algo parecía ir mal. Pensó, pensó y pensó, pero no encontraba qué pasaba. Se acercó al baño para refrescarse la cara y al mirarse en el espejo, ahí estaba ella: Almita, diminuta y prácticamente transparente, formando el reflejo de Alma.

Almita era su niña interior, esa que Alma había prácticamente olvidado. Esa niña que recibió los primeros impactos de los momentos dolorosos, esa que empezó a sentirse insuficiente, de la que se reían en el colegio y a la que sus padres exigían ser la mejor. Almita miraba a Alma con la mirada triste, implorando ser abrazada y queriendo avanzar juntas el resto del camino.

Fue ahí cuando Alma se dio cuenta de que esa niña que tantas veces le parecía un incordio por ir pegada a ella, esa que la acom-

pañaba a todos lados y a la que no reparaba en criticar y regañar por ser cómo era, era en realidad ella misma en su niñez. Tomó conciencia de que todo eso que le decía a la pequeña se lo estaba diciendo en realidad a sí misma, repitiendo aquellas cosas que un día le hicieron daño. Almita estaba ahí para recordarle que necesitaba formar parte de su vida para poder avanzar juntas y ella, con sus críticas y su trato de desdén, estaba consiguiendo hacerla desaparecer por completo. Si su niña interior desaparecía y la adulta tomaba definitivamente el control, desaparecerían el entusiasmo, la sensibilidad, la alegría, la inocencia y las carcajadas que hacían doler la tripa. Todo eso lo había creado Almita y lo había colocado en su ser hacía ya mucho tiempo. Todas las veces que la llamó torpe, que la criticó por su aspecto, que la tachaba de ser insuficiente... Estaba en realidad dirigiendo esas palabras hacia sí misma, pero a su versión más vulnerable. Así es como había aprendido a tratarse y por eso no había sabido parar a observar el daño que eso podía causarle.

Desde ese momento, Alma decidió pensar en Almita cada vez que iba a decirse algo malo a sí misma. Pensaba en la niña alegre que un día fue, en esa niña que no merecía ser tratada con desprecio, y de esa forma conseguía tratarse mejor a sí misma y darle a Almita el lugar que merecía: viva, cogidita de su mano y brillando a todo color.

Oye, ¿qué tal me ha quedado el cuento? Fíjate que es algo que siempre me ha apetecido hacer y mi Síndrome de la Impostora me da mucho el follón, así que agradeceré tus ánimos en plan «guau, Mara, me encanta este cuento, sigue escribiendo porque es definitivamente lo tuyo». Es broma. O no. Como tú quieras. Je, je.

Quería hablarte de la niña interior y de lo importante que ha sido sanarla en mi proceso y, la verdad, la idea de verla representada como un cuento me ha parecido una bonita metáfora. Cuando nos hacemos adultas, cometemos el gravísimo error de pensar que las niñas que fuimos ya no pueden ni deben tener espacio en nuestras vidas. Que como ahora nos toca ser adultas funcionales que visten traje y llevan maletín, ya no hay espacio para la alegría y el entusiasmo que nos movían de pequeñas. Que ya no podemos emocionarnos con películas románticas ni podemos saltar de alegría cuando nos dan una noticia maravillosa. Que nuestros deseos más profundos no tienen espacio ya, no podemos permitirnos el fantasear a lo grande. Menuda cagada.

Si algo, de corazón, he tenido que hacer y sigo haciendo en terapia, es sanar a mi niña interior. Durante años, años, A-Ñ-O-S, la he tenido encerrada en mis recuerdos, acorazada, guardada bajo llave. Con el tiempo y la terapia entendí que era mi forma de protegerla, a ella y a los recuerdos tan jodidos que la acompañan. Era mi forma de no sacar de la caja las primeras heridas, que fueron las que más me marcaron, y así aparentar que todo estaba bien, aun con mi infancia metida en la mochila de vida y yo andando a trompicones.

El primer día que, en terapia, tuve que visualizar a mi Yo adulta junto a mi Yo niña, lloré como una magdalena. No tenía consuelo. Tenía muchas ganas de abrazarla, pero a la vez era como si hacerlo abriera de par en par cada herida que llevaba años esforzándome por tapar. En mi caso lo hicimos mediante una meditación, estando relajada, intentando visualizar y siendo guiada por mi terapeuta (no intenten esto solas en casa, amigas, es tremendamente catártico). La sensación, aun desbordante, fue jodidamente increíble. Abrió una puerta que jamás volveré a cerrar. Marita volvía a estar viva en mí.

Marita fue la primera en recibir las miradas de juicio, los comentarios hirientes, los insultos hacia su cuerpo, las burlas, la sensación de no ser suficiente. Todo ello fue impactando en su pequeño corazón y fue creciendo mientras tapaba las grietas con tiritas de dibujitos. Pero las grietas estaban ahí. Marita dejó de ser Marita para pasar a ser Mara. Mara la responsable, Mara la madura, Mara la dicharachera, Mara la correcta, Mara la estudiosa, Mara la artista. Y Mara la contenida. Contenida porque durante todos esos años hubo una enorme parte de mí que no dejaba salir. Esa parte entusiasta, viva, soñadora que es Marita, y también esa niña herida que seguía necesitando un abrazo fuerte.

Reencontrarme con Marita es un viaje alucinante. Desde esa primera sesión donde hicimos la meditación a través de la cual me visualicé como adulta, encontrándome con mi niña, saludándola, abrazándola, diciéndole que todo estaba bien, que yo iba a protegerla…, no he podido parar de explorarla al máximo. Y es que sanar a tu niña interior no es solo reconocer tus heridas más profundas, que es la parte más jodida probablemente, sino que te permite explorarla y volver a permitirle habitar en ti.

Conocer a Marita a mis veintipico me ha ayudado en muchas cosas: la primera, por supuesto, a reconocer de dónde vienen la gran mayoría de mis heridas: dónde y cuándo nació mi TCA, por qué tengo tanto miedo al rechazo de los demás, por qué dependo de la opinión externa, cuándo empecé a odiar a mi cuerpo, cuándo me volví una perseguidora de la perfección… Sí, en mi caso, todo viene de la infancia (en mi caso y en el de muchas, por no decir todas, que no me gusta generalizar).

La segunda, a sanar todo eso que empezó en la infancia. Reconocer mis heridas me ha permitido observar todas las herramientas que tuve que desarrollar para sobrevivir a lo que entonces me ponía en peligro y que continúo usando: buscar la aprobación de los demás, sentirme insuficiente, querer ser perfecta para sentirme validada…, y poder sanarlo, de alguna forma también haciéndole entender a Marita que «ey, ya está, podemos seguir sin esto, estamos juntas al mando».

Y por último, pero no menos importante: a permitirle vivir en mí. Darle el lugar que se merece a mi niña interior: permitirme reír a carcajadas, emocionarme con las pelis de Disney, entender la rabia de la niña que quiere ser escuchada y validar también sus emociones, volver a entusiasmarme con las pequeñas cosas, emocionarme ante un paisaje bonito, cantar a todo pulmón… Lo que muchos tachan de «estar loca» es, para mí, volver a conectar con tu niña interior. De verdad te lo digo.

Y, por lo tanto, como mi niña vive en mí, se crea un vínculo de respeto y comprensión que antes no había. Tú y yo sabemos que, en términos generales, una persona no trata mal a un niño o una niña. O sea, tú no le dirías a una niña que quieres mucho (tu sobrina, tu prima, tu nieta, tu hija, tu alumna, quien sea), y repito: en términos generales, que es una absoluta inútil o que da asco al mirarse en el espejo. Pero sí te lo dices a ti, en tu versión adulta.

En mi experiencia, reparar en la presencia de nuestra niña interior viviendo en nuestro corazón nos permite forjar una relación con nosotras mismas que se acerca un poquito más al respeto y la compasión. Ya lo hemos hablado: no nacimos odiándonos. Yo no decidí un día odiar la imagen del espejo y castigarme por ella pensando incluso en quitarme la vida. Marita, que soy yo en la infancia, no creció queriendo eso para sí misma. Si lo hablamos como si fuera una tercera persona, a ella se le impuso una manera de pensar que se fue quedando en cada cachito de su ser y la fue condicionando en su forma de mirarse. Vamos, que yo era una niña feliz de la leche. Pero en mi casa había discusiones, sentía cierto rechazo por algunos de mis familiares, me empezaron a hacer bullying en el colegio, me sentía desatendida por mis profesoras, todo el mundo comentaba constantemente sobre mi cuerpo... Y me perdí. Claro que me perdí. Era difícil no hacerlo. Por eso, volver a pensar «ey, esto que te estás diciendo ¿es justo para Marita?» me hace volver a tierra. Me hablo fatal, pero fatal fatal fatal. De hecho, de eso justo vamos a hablar en el siguiente capítulo. Soy capaz de decirte a ti por redes sociales que eres una tía espectacular y capaz de todo, pero no dudaré ni un segundo en llamarme tonta, torpe, desastre y perlas peores si considero que hago algo mal. Por eso quería compartir contigo esta vivencia.

Como te he dicho, he trabajado mucho la niña interior en terapia. Todavía sigo en ello, porque en el momento en que estoy escribiendo mi libro, Marita ha vuelto a tomar protagonismo de una forma diferente al pasado. Como lo explica mi maravillosa psicóloga, Ana León, digamos que mi parte adulta (Mara o Alma, la del cuento, que en realidad somos la misma) ha tomado todo el control de mi vida: trabajo, obligaciones, expectativas, seriedad, los «tengo que», dejando apenas hueco para la parte que le pertenece a Marita y que trae consigo todas esas cosas que ya hemos comentado. Cuando esto pasa, lo que tiende a suceder es que cuando nuestra «parte niña» quiere tomar espacio, lo hace a lo grande, con todo, cuesta abajo y sin frenos. En mi caso, se ha dado con emociones muy al límite, como si no hubiera un término medio. ¿Las típicas rabietas de un niño en el supermercado? Bueno, pues lo mismo yo en mi casa con veintisiete años. Suena a broma, pero es anécdota. *Ana, espero haberlo sabido explicar medio bien.*

Reconocer a mi niña interior en mí ha sido la clave para despertar una compasión que no sabía ejercer hacia mí misma. Yo, siempre dispuesta a darme con el látigo por pecadora e imperfecta, solo he sabido conectar con el *abracito* a una misma pensando en mi niña interior. Viéndome en vídeos, reconociendo mi esencia en todas las fotos, sintiendo esa fragilidad y esa vulnerabilidad que lamentablemente un día percibí como una amenaza. Me alucina verme en terapia siendo capaz de decir «noto a mi niña muy presente en esto», aceptando lo que ella siente y sabiendo observarlo con distancia y amor, sin juicio ni culpa.

Y para cuando se me olvida, voy a compartir contigo la herramienta quizá más sencilla pero más ancla a tierra que he tenido nunca:

Una foto y un pósit. Y ya está. Bueno, ya está no, por supuesto mucho curro hay detrás de deconstruir una forma de tratarse, pero tener esta foto en el lugar donde más horas paso del día, el despacho, me ayuda muchísimo a anclarme a la realidad cuando mi mente se está pasando de la raya. Puede parecerte una chorrada o quizá demasiado, ya sabes que yo solo te invito a jugar.

Busca una foto en la que te sientas muy «tú»: a mí esta que puse me encanta porque, lejos de ser la foto donde más guapa salgo, sí es la más natural. Recuerdo perfectamente cómo me encantaba ese Buff del Super3 (un canal de dibujos de Cataluña que era lo más), estaba megafeliz porque se me habían caído las dos paletas y me sentía una vampiresa y, encima, estaba en el Aventura Park, que era un parque temático de esos de piscinas de bolas y toboganes, por lo que seguramente estaba celebrando un cumpleaños. De ahí esa sonrisa de ojillos *achinaos*.

Cuando tengas la foto, elige esa frase que necesitas decirte para bajar a tierra y frenar ese discurso negativo hacia ti misma: en mi caso, «Le estás hablando a ella» me parecía clara y concisa. Permítete buscar la que sea perfecta para ti.

Por último, ponla en un lugar donde la veas a menudo: el cabecero de la cama, el escritorio, el fondo de pantalla de tu teléfono… Que ese mensaje pueda calar en ti poco a poco y que leerlo te permita, aunque sea por un segundo, frenar cualquier discurso dañino hacia ti. Con el tiempo, no solo podrás frenarlo, sino que serás capaz de compensarlo con una palabra bonita, cálida, reconfortante. Mira, ¿ves? Este sí es un tipo de compensación que vale la pena practicar. ☺

Nuestra niña interior está ahí para mucho más que mostrarnos nuestros traumas. Está ahí para ser sanada, reconfortada, abrazada, validada, aceptada, observada; para poder avanzar juntas con todo lo que venga en la vida. Está ahí para no ser olvidada, para seguir siendo prioridad en un mundo lleno de «deberías» y de cargas pesadas. Nuestra adulta necesita a nuestra niña y viceversa. Porque si has sufrido en tu infancia, necesitas reconciliarte con esa parte de ti y ser refugio para ella. Tu alma te lo va a agradecer. ¿Esa típica frase de «sé la adulta que necesitaste de niña»? Bien, pues no te olvides de serlo también para tu niña interior. Que aportar al mundo está fenomenal, pero seamos buenas principalmente con nosotras mismas, que nos lo merecemos. Ser la adulta que necesitaste de niña pasa por no hablarte mal, por no hacerte de menos, por no tratarte como no tratarías a nadie más. Estoy segura, porque yo también he estado ahí, de que las cosas que te dices a ti misma no te atreverías a decírselas a nadie más. Somos crueles con nosotras mismas porque el tiempo, los traumas, las situaciones duras de nuestra vida nos han ido creando un caparazón durísimo que anula cualquier tipo de compasión y amor a nosotras mismas. Y desde ahí no puede ser.

En mi anterior libro te explicaba esto como si fuéramos cebollas. Te hablaba de que nacemos siendo ese corazón de la cebolla y, con el tiempo, nos vamos llenando de capas. Bien, pues el otro día mi psiquiatra, Maribel, puso un ejemplo que me pareció todavía más acertado y bonito: más que una cebolla, somos como una alcachofa. La alcachofa tiene sus hojas duras por fuera, que cuesta arrancar fácilmente y en la última capa hallamos su parte más jugosa y llena: el corazón. La cebolla tiene un corazón vacío, está hueca por dentro. La alcachofa, sin embargo, tiene un corazón sabroso, tierno, lleno de más capas. Así es realmente nuestro corazón: puro, lleno de vida, tierno, vulnerable. Lo protegemos porque no nos queda otra ante un mundo muchas veces hostil, pero no podemos permitir que las hojas de fuera, nuestras capas, endurezcan lo que somos en realidad. *Gracias, Maribel, por una metáfora preciosa que me acompañará siempre.*

Al fin y al cabo, puedes decidir conectar con tu niña interior como más funcional sea para ti. Ya sabes que mi recomendación siempre será hacerlo acompañada de un profesional, porque puede resultar un proceso muy catártico que necesitará sostén en muchos momentos, pero por supuesto hay formas de que empieces a explorar esa parte de ti:

💜 Puedes buscar fotos y vídeos tuyos de pequeña, observarlo todo con atención y ver qué sensaciones produce en ti. A mí hubo una época que me dio por preguntar mucho a mi familia sobre detalles concretos de mi infancia: mi parto, cómo era de pequeña, mi carácter, mis travesuras...

💜 Si lo tuyo es la escritura, puedes escribirle una carta a tu niña interior para contarle todo aquello que te apetezca, agradecerle todo eso que ahora has aprendido de ella y pedirle perdón por aquello que creas que debes hacerlo. Esto resulta muy sanador también, además de que la escritura es una herramienta superpotente para activar nuestro cerebro.

💜 Si te sientes cómoda con la meditación, usarla como herramienta para visualizarte con tu niña interior puede ser supereficaz. Te dejo aquí una meditación guiada hecha por Ian @sapodecara especialmente para este libro que confío en que pueda resultarte muy sanadora:

♥ Intenta buscar, observar y reconocer a tu niña interior en el día a día: búscala en tus reacciones, en tus emociones más primarias, en tus pensamientos, en tus sueños y anhelos… Siempre está, pero a veces muy muy apagada.

Te propongo un ejercicio para despertar la compasión y empezar a activar ese diálogo contigo misma. Lo aprendí en una meditación de la app Petit BamBou y no puedo dejar de compartirlo contigo aquí para que lo tengamos siempre (intenta ponerlo en práctica en un momento de relajación):

Sé que esta es quizá la parte más difícil de todas, pero te prometo que es un ejercicio tremendamente potente. Puedes hacerlo como ejercicio de relajación, en una meditación, que es como lo hice yo en Petit BamBou, pero también puedes anotarlo en tu libreta para tenerlo siempre a mano ☺.

Pues nada, de este capítulo te has llevado que eres una alcachofa, que una foto y un pósit pueden hacerte de ancla a tierra y que volver a llorar con las canciones de RBD es una de las tantas cosas maravillosas que te pasarán cuando reconectes con tu niña interior (RBD México, por favor, no admito debate entre Rebelde y Erreway 😵).

No lo olvides: te mereces caminar de la mano de tu Almita brillando a todo color.

FRENA A DOÑA ROGELIA

El día que grabamos el episodio del pódcast *Pipas en el banco* de mis queridos Adrián Gimeno y Rocío Rodríguez (el cual os recomiendo escuchar y seguir de cerca), Rocío dijo algo mientras conversábamos sobre la autoexigencia que me encantó: haciendo referencia al discurso que tenemos con nosotras mismas, ese «machaque» tan poco constructivo, Rocío compartió con nosotros un ejercicio que aplica en sesiones con sus pacientes. En este ejercicio, le pedía a su paciente dibujar un pájaro, recortarlo y meterlo en una caja a modo jaula. Después, durante la semana, debía anotar en un papel cada cosa negativa que se dijera a sí misma, recortar también ese papel y meterlo dentro de la caja para «darle de comer al pájaro». A la semana siguiente, juntas podrían observar qué alimento estaba dándole esta paciente a ese pájaro, que es ella misma en realidad, para tomar verdadera conciencia de cuál y cómo era el discurso hacia sí misma.

¿No os parece una pasada de ejercicio? Os dejo aquí el QR directo al programa completo por si queréis escucharlo. Hablamos de autoexigencia y me parece que logramos aportar mucho valor:

Antes hablábamos de esa foto de pequeñas con una frase que nos bajara a tierra, y la idea de tener en otro pósit la frase «¿Qué le estás dando de comer al pájaro?» me parece una maravilla. Que cada vez que puedas leer esa frase, tomes conciencia de cómo te estás hablando o de qué estás pensando sobre ti en ese momento.

Casi todas compartimos un diálogo personal bastante duro hacia nosotras mismas. Es algo que hemos aprendido también de toda esta cultura del esfuerzo, de la productividad, del ser perfectos. Somos nuestra última prioridad y la persona a la que no dudamos en tratar mal, sin reparar en que somos la única persona que nos va a acompañar hasta el fin de nuestros días. Como en muchas otras cuestiones, esto también es algo que podemos trabajar. La mente se entrena como entrenamos el resto de los músculos y es superimportante que tomemos verdadera conciencia de qué nos está contando nuestra mente o esa parte de nosotras tan rígida y autocrítica.

Si no me sigues en redes sociales, quizá el título de este capítulo te ha dejado un poco sorprendida. Unos capítulos atrás ya te hablé de esta técnica de «externalizar», identificar, observar y personificar a todas las partes que hay en mí: mi niña interior, mi TCA, mi parte miedosa, mi parte justiciera, mi parte chula, mi parte autoexigente... Esta última, que tiene todavía un espacio bastante grande en mi vida, es doña Rogelia. La llamé así porque en mi imaginario, su voz y su aspecto se parecían mucho al de una muñeca que aparecía en televisión hace años y que se llamaba así. Una parte de mí más mayor, un poco cascarrabias, con un pañuelo en el pelo, gafas a la altura de la nariz...; una repelente de narices, las cosas como son.

Gracias a la terapia, me di cuenta de que doña Rogelia apareció en mí a modo de supervivencia. Probablemente de pequeña aprendí que arrimarme lo máximo posible a la perfección y exigirme mucho me acercaba a lo que yo consideraba «éxito» de una forma más rápida. Me ponía las pilas, de alguna manera. En ese momento, ese éxito era el ser amada. Sí me identifico con la idea de, siendo pequeña, querer ser perfecta para sentirme vista y amada por los demás, porque sentía que si era perfecta no se podrían reír de mí y les gustaría como era. Aquí sigo, veintitantos años después, tratando de solucionarlo en terapia. Así de incrustadas se quedan las cosas en nuestra mente y nuestro corazón.

De doña Rogelia, al igual que de casi todas mis partes, he aprendido muchísimo. Aunque a veces la deteste y quiera arrancarla de mí, hoy entiendo su función y me permito observarla con atención para ver qué quiere de mí y cuál es su miedo. Su miedo es que sea tierna, dulce, frágil y me vuelvan a hacer daño. Por eso no duda en sacar sus palabras más crueles para mantenerme en vereda. Mi trabajo aquí es enseñarle que he entendido su misión, pero ahora tengo otras herramientas para protegerme. Hablarme mal, no tenerme como prioridad, no me acerca al bienestar ni a la protección, sino que me mantiene en un estado de angustia horrible por pensar constantemente que no soy suficiente.

Debemos cuidar lo que nos decimos. Básicamente porque algo muy potente que debemos entender es que la mente no distingue entre la amenaza real o la imaginaria. Ya ves, puede resolver operaciones matemáticas indescifrables (en algunos cerebros, eh, el mío no ha tenido ese privilegio), pero seguirá pensando que escasean los mamuts si nos ponemos a dieta. Por tanto, todo lo que pase por tu cabeza: cada miedo, inseguridad o pensamiento, si te sigues diciendo a ti misma que no sirves para nada, que no eres suficiente, que nadie puede quererte siendo como eres hoy, tu mente se lo creerá y vivirás en relación con eso. Además, otra cosa importante que ya te he mencionado varias veces es que vivir constantemente preocupada te sube los niveles de cortisol y eso, amiga, ya sabemos que no trae nada bueno, que se lo escuché yo a la psiquiatra Marian Rojas en su pódcast. Te lo dejo aquí por si quieres escucharlo:

La mente se adelanta casi siempre. Nos mantiene alerta para protegernos, y nos pone en todos los peligros posibles para que estemos en alarma. Entender que esta es su función nos permite dejar de identificarnos con nuestros pensamientos. Nuestros pensamientos son eso, pensamientos. Ideas que vienen y van, a las que podemos decidir dar foco o dejarlas pasar. Esta frase tan repetida, que sobre todo se utiliza en meditación, habla de que los pensamientos son nubes y que puedes imaginar que siguen su curso en el cielo cuando te vengan a la cabeza. A mí ahora me ha venido de repente la imagen de la película *Monstruos S. A.*, que es una película de dibujos en la que, resumiendo muy mucho, hay un montón de puertas entre las que elegir a dónde va a ir cada monstruo. Las puertas van pasando por unos raíles en el techo, hasta que se escoge una, baja, se coloca en posición y se enciende la luz. También me viene la imagen de cuando se van pasando diapositivas en los proyectores, que pasas una, otra, otra, hasta que eliges la que quieres proyectar. Son imágenes que pueden servirte para ver a tus pensamientos como mensajes que nuestra mente va soltando y nosotras podemos (y debemos) elegir bien a cuál dar luz. Es importante ser conscientes de que esto requiere de práctica y entrenamiento, no viene de serie.

La gran mayoría de las cosas que nuestra mente nos plantea nunca llegan a suceder. Por eso decimos que se adelanta. Estoy segura de que muchas veces habrás imaginado escenarios terribles o te habrás castigado antes de tiempo por cosas que, después, han terminado pasando de una forma superdiferente. Esa es la trampa de nuestra mente. Los pensamientos son creaciones de nuestra mente. Así que podemos tener en cuenta que existe ese pensamiento sin tomarlo como la realidad absoluta, porque sé que mi mente lo crea para protegerme. No eliges lo que piensas, solo lo que haces con ese pensamiento, así que no te culpes más ni te juzgues por pensar eso, nada de lo que piensas te define. No les des más poder a esos pensamientos. Acepta que van a seguir estando, pero que tienes el control de lo que pasa en tu vida, así que suelta los pensamientos que no te sean útiles con compasión. Cuanto más los aceptes, más fácil será avanzar.

Sé que estar a solas con los pensamientos da un miedo que te cagas. Nos asusta porque lo que se almacena ahí dentro es increíble: mucho juicio, mucho miedo… El problema es que preferimos ponerle ruido encima y esto hace que los pensamientos acaben dominándonos, porque no somos ni conscientes de lo que estamos pensando. Desconectamos de lo que ocurre ahí dentro, en nuestra mente, pasamos a ocupar nuestro tiempo en mil cosas, menos en atender lo que sucede en nuestro interior, y por eso a veces nos sentimos de mal humor «sin motivo» o realizamos acciones que en realidad no queremos. Por eso la ansiedad se dispara, por eso nos sentimos siempre frustrados…, porque no estamos al mando de nuestros pensamientos. Ojo, estar al mando de nuestros pensamientos no significa gobernarlos a la fuerza, pelear contra ellos y querer sacarlos de nuestra sesera. Implica respirar hondo, escuchar qué está pasando ahí dentro, comprender su función en nosotros (esos pensamientos llevan ahí un tiempo y están para intentar salvarte, tu mente cree que protegiéndote de cualquier peligro relacionado con lo que llevas años temiendo vas a ser más feliz) y decirles «gracias por querer protegerme, pero yo estoy al mando». Sé que a veces esto resulta sumamente incómodo, sobre todo cuando sabes identificar que estos pensamientos son muy dañinos para ti. Pero es un ejercicio que nos permite observar y analizar lo que pasa por nuestra cabeza para decidir qué hacer con ello y ser verdaderamente conscientes del discurso tan negativo que tenemos con nosotras mismas.

Ponte al mando de tu vida. Píllate hablándote mal y dite: «Ey, gracias, sé que quieres protegerme de esto nuevo que tanto miedo nos da, pero yo estoy al mando». Piensa que estás hablándole a tu niña interior, como hemos visto antes. De verdad que puede ser una herramienta brutal. Cuando estás al mando de tus pensamientos puedes alinearte con tu esencia y tus valores, puedes ir en concordancia con quien eres y quien quieres ser. Vivir acorde a tu esencia no te va a ayudar únicamente a entender tus pensamientos. Cuando te permites ser tú en tu máximo esplendor todas las piezas necesarias para tu evolución se mueven: a veces hay personas que se marchan de tu vida porque ya no resuenan contigo; a cambio, otras llegarán y te podrán acompañar en el camino, tus prioridades pueden cambiar, tomarás decisiones difíciles que sabrás que te acercan a tu Yo más puro... Tu energía cambia, vibras a otra frecuencia y cuando «te estés siendo infiel» (hablaré de este término más adelante), notarás que te incomoda muchísimo porque ya habrás interiorizado la importancia de ser tú misma todo el rato e ir en línea con quien eres.

Ya hemos dicho que tú no eres tus pensamientos, por eso tienes la capacidad de ver todo lo que pasa dentro de tu mente con una perspectiva objetiva. Puedes pararte, respirar y ver: «Vale, este pensamiento viene de este momento concreto del pasado que creó una herida en mí. Okey, entiendo, pretendía salvarme…, ¿y ahora?, ¿sigue sirviéndome de algo?, ¿sigue siendo útil para mi expansión?». Es como cuando guardamos una prenda en el armario «por si acaso»… ¿Por si acaso qué? Vives en Sevilla, es complicado que necesites un abrigo polar para una nevada tremenda. Aunque, claro…, con esto del cambio climático… Bueno, ya me entiendes.

Empieza a preguntarte: ¿Qué me está queriendo decir este pensamiento? ¿De qué me quiere proteger? Que hayas creído toda la vida que algo era verdad no significa que lo sea. Puedes y debes cuestionar todo eso que piensas y decidir qué ideas se quedan y cuáles deben irse para que puedas seguir evolucionando.

Hace un tiempo, haciendo otra meditación preciosa de Petit BamBou (la app de meditaciones guiadas que justo te he mencionado en el capítulo anterior), me gustó una frase que dijeron en referencia a esos pensamientos que nos boicotean: «Sonríele a la mente como si fuera un niño travieso. Cuando detectes esos pensamientos que te anulan, sonríe pícaramente y dile a la mente *te pillé*». Trátala como una granuja, como una niña traviesa que anda haciendo de las suyas hasta que la pillas, con esa sensación de «estás queriendo llamar mi atención, lo pillo, mente, gracias por decirme esto, pero estoy al mando». Procura ir reduciendo el nivel de enfado que te genera pillar a tu mente teniendo estos pensamientos. Tu esencia verdadera está por encima de ellos, aunque ahora todavía no puedas verlo. Poco a poco, cuando tu escucha interna se active y seas capaz de detectar todo eso que pasa por tu mente, conseguirás que no te afecten tanto esos pensamientos que tu mente desbloquea automáticamente.

A mí, por ejemplo, se me activa mucho el diálogo interno negativo. El «eres una torpe», «qué desastre eres», «si es que no vales para nada» y peores, mucho peores, ya te lo he contado en el capítulo anterior. Al principio, cuando empecé a trabajar en este diálogo interno, quería hablarme con un amor increíble el primer día. O sea, quería pasar de ser una tirana absoluta conmigo misma a ser la más dulce del reino. Spoiler: no se puede. Se necesita tiempo para deconstruir todo eso que pasa en nuestro interior, para entender de dónde viene, qué quiere y cómo podemos cambiarlo.

Antes te mencionaba esos momentos en los que de repente estás de mal humor y no sabes por qué, hasta que pones atención a lo que te está diciendo tu mente sobre ti y dices «hombre, como para no estar de mal humor…». ¿Te pasa?

A mí es algo que me pasaba constantemente y que ahora detecto enseguida que aparece. Antes podía pasarme horas machacándome viva en mi mente y diciéndome todas las groserías posibles, hasta que al cabo de mucho mucho rato me daba cuenta y era consciente de cómo me estaba tratando. Ahora ese tiempo se ha reducido mucho, afortunadamente, y lo he conseguido estando a solas conmigo y en silencio con mis pensamientos. Y si da miedo, lo hacemos con miedo. En ese silencio podía observar qué me contaba mi mente sobre cada situación de mi vida. La meditación también ha jugado un papel muy importante (y lo sigue jugando) en identificar qué pasa en mi interior. También me ayuda escribir lo que pienso o siento en un momento de alta intensidad: cuando estoy muy enfadada, muy triste…, emociones «pico» que necesito soltar, y que, cuando lo hago por escrito, me doy cuenta de cómo las magnifica mi mente y eso me permite activar la compasión hacia mí.

El amor y la compasión son los que nos invitan a cuidarnos, amarnos y amar al resto. Imagina a alguien a quien amas profundamente e imagina un momento en el que esa persona haya sufrido y hayas estado ahí para ella. Visualiza ese amor incondicional que has sentido hacia esa persona y esas ganas inmensas de ayudarla a sobrellevar lo que estaba sintiendo. En esos momentos, los defectos de esa persona no importan, todo lo negativo que pueda tener o incluso las cosas malas que hayan ocurrido entre vosotras pasan a otro nivel. Siente ese amor que le das a esa persona. Ese amor está en ti, en tu interior, tú eres ese amor.

¿Podrías quedarte un instante en silencio, cerrar este libro, respirar hondo, cerrar los ojos e identificar de qué parte de tu cuerpo nace ese amor incondicional que eres y que reside en ti? Cuando amas a alguien, cuando le brindas todo tu apoyo, tu compasión, tu empatía, ¿de qué lugar de tu cuerpo brotan esas sensaciones?

Puedes amar las imperfecciones de los demás porque en ellos entiendes que ser perfecto es imposible. Sin embargo, te exiges a ti misma serlo. Somos imperfectas y merecemos tratarnos con compasión, con la misma ternura que tratamos a alguien que sufre. No necesitamos ser perfectas para merecerlo. Bien, entonces: ¿por qué no probar a darte ese mismo amor incondicional a ti? ¿Esa compasión? Hoy eres tú la que sufre, eres tú quien se ha caído. Eres tú quien está cosechando en su mente pensamientos que todavía no sabe gestionar y que le hacen sentir mal. Okey. Está bien. Esto también pasará. Pero deja de castigarte, por favor. Guarda ese látigo que solo activas para ti (y si lo usas con el resto también, guárdalo ya y tomemos responsabilidad).

Hace tiempo le oí a Marian Rojas un ejemplo sobre ese diálogo interno que tenemos. Lo explicaba como si en nuestra mente hubiera una grabadora que, en la infancia, pusimos a grabar. En ella recogimos cómo se hablaban nuestros padres entre ellos, cómo hablaban de mí, cómo me hablaban a mí, qué decía mi círculo más cercano: profesores, familiares, amigos... Un día, de adultas, esa grabadora se pone en modo reproducción y todas esas palabras que escuchamos y guardamos pasan a ser nuestra voz interior. Me parece una metáfora muy certera de lo que pasa con nuestros pensamientos. Nuestra voz interior, incluso nuestra autoexigencia, tiene que darse en unos niveles funcionales que nos permitan avanzar, pero no en un extremo que nos hunda en la miseria.

Tu voz interior no tiene la verdad absoluta y ya hemos hablado de cómo tiende a exagerarlo todo. Nuestra mente sesga la realidad, la filtra en nuestra mirada y nuestras creencias para darnos solo aquella información que considera importante. Es decir, un estímulo nos llega, nuestra mente lo filtra, lo empapa como una torrija entre nuestras creencias e historia de vida y elige qué nos quiere contar de eso que vemos. Así que eso que te cuenta de que «tu cuerpo es horrible» y que tanta tristeza te genera, ¿es la realidad al 100 %? ¿Es totalmente cierto? Cuando observas esa tristeza y entiendes de dónde viene ese pensamiento, esto te permite minimizar la intensidad de esa emoción y cuestionar ese pensamiento para hacerlo cada vez más pequeñito.

Ese pensamiento ha tenido una función en ti hasta el día de hoy. Probablemente la de empujarte a modificar tu cuerpo para ser más aceptada en la sociedad y que se redujeran las situaciones dolorosas, si me permites la suposición. Tu mente ha sesgado la realidad de esta manera porque era la forma de mantenerte a salvo. Pero hoy estás con este libro en tus manos para cuestionar, quizá por primera vez, todo eso que te cuenta tu mente y darle así otro alimento al pájaro.

Vamos a verlo juntas: ¿qué te está contando tu mente?

Anota aquí todo eso que piensas sobre tu cuerpo y sobre ti. Obsérvalo sin juicio y cuando termines pon en perspectiva todo eso que hemos hablado sobre lo que piensas. Ahora sabes que no es realmente tuyo y que tu mente creía protegerte de esa forma, así que vamos a escribir al lado la frase que realmente querría decirme desde un lugar compasivo y amable.

Soy un desastre vs. **Lo estoy haciendo lo mejor que puedo y sé hoy.**
Mi cuerpo es horrible vs. **Mi cuerpo es perfecto tal y como es porque me permite vivir y no necesita encajar con una imagen impuesta por el exterior.**

Tu cerebro está en tu cuerpo y necesita que lo atiendas, que parece que hoy en día lo único importante es fortalecer los músculos de los brazos. Tienes muchas cualidades, mucho que aportar. Aprecia de una vez quién eres y deséate el bien como se lo deseas a los demás. Cuestiona eso que pasa por tu mente, observa a los pensamientos como las nubes en un día lluvioso, que las ves, están ahí, pero sigues haciendo tu vida. Busca imágenes mentales que puedan ayudarte con la idea de soltar esos pensamientos o esa voz interior negativa: visualízalos yéndose en una barca, en una nube, en una hoja del río... Y no bloquees ese miedo. Siéntelo, familiarízate con él, hazle las preguntas que necesitas para saber qué quiere y por qué está ahí. Cuanto más huyas de lo que piensas y sientes, peor, así que no intentes «distraerte» para silenciar esas sensaciones, porque solo las harás más y más grandes. Párate, míralas, dales la atención que te están reclamando. Por cada cosa mala que te digas, compensa con una cosa buena sobre ti. De lo que sea: de tu vida, de tu personalidad, de tu cuerpo. Desde hoy tomas las riendas de lo que pasa en tu interior y te dispones a conocerte cada día más y a sentarte delante de esas partes de ti que hoy lo acaparan todo para decirles:

QUÉ ES ESTO QUE SIENTO

Le pregunté a Adri cómo definiría él las emociones, dada su amplia formación y experiencia con el tema. Esta fue su respuesta: «Una de las señales innatas que tiene nuestro cuerpo para ayudarnos a identificar la manera más adaptativa de transitar los cambios que se producen en nosotras y nuestro entorno». Podríamos decir entonces que las emociones son una brújula que nos permite saber cómo enfocar los recursos para resolver las cosas que nos pasan, ¿no? Son la forma que tiene nuestro cuerpo de decirnos «ey, esto me está afectando así, deberíamos accionar de tal forma ante esto».

Por lo tanto, las emociones no son una especie de bicho malvado que está ahí para fastidiarte y hacerte la vida imposible. La tristeza, la ira, el miedo o cualquiera de esas emociones que hoy tachas de «negativas», o con las que te enfadas cada vez que aparecen, son luces de neón que tu cuerpo te manda para contarte cómo está. Sé que muchas veces algunas emociones se sienten desagradables y eso nos lleva a pensar que son malas, pero ni mucho menos. Utilizan esa sensación desagradable como consecuencia de activar tu cuerpo para sobrevivir y que de ese modo las atiendas, pero no, seguimos ignorándolas como si esa fuera la solución. Saber que todo lo que sientes es válido y que lo importante es encontrar una forma funcional de atravesar esa emoción te permite liberarte de esa idea de «no debería estar sintiendo esto».

En mi opinión, en el tema emocional no hay «deberías». Cada persona es un mundo, literalmente, y siente las cosas de maneras muy distintas. Idealizar cómo deberíamos sentirnos ante una situación o forzarnos a que sea así, sintiéndonos culpables cuando la emoción es otra, no nos sirve para nada más que para seguir con la fusta entonando el «por mi culpa, por mi culpa, por mi gran culpa» que nos estanca en esa sensación de no ser suficientes todo el rato. Es normal que estés triste si lo has dejado con tu pareja o si alguien se ha ido de tu lado por algún motivo, al igual que es normal que te enfades si te roban la cartera en el metro o amaneces una mañana con el coche calcinado (ejemplos reales, bien de autobiografía todo el rato).

Tienes derecho a sentir las cosas a tu manera. Eso para empezar. Creo que lo interesante aquí no es tanto qué sientes, sino la intensidad con la que sientes eso y qué puedes hacer con ello. En mi caso, por ejemplo, el último proceso terapéutico que he empezado ha sido justamente por una sensación de que mis emociones estaban completamente desbordadas. Las sentía como la manguera de los bomberos, de la que sale el agua a toda mecha, sin forma posible de controlarla. Creo que precisamente el querer tapar mis emociones, el silenciarlas a golpe de «estoy bien» y ponerles la mano en la boca cuando querían decirme «oye, una cosa, guapi, no estamos bien, ¿eh? Esta cosa que no has procesado está provocando aquí una serie de cosas que nos iría muy bien poder revisar, cuando usted pueda», hizo que llegara un momento en el que no tuvieran más remedio que gritar.

Otra cosa: deja de decir «estoy bien» cuando lo que quieres decir es «estoy contenta, pero a la vez algo frustrada y con una pequeña pizca de miedo en lo alto». Otro de los trabajos que me ayudaron de una de mis terapeutas fue cuando, en cada sesión, me invitaba a elegir las emociones de la rueda de Plutchik para expresar cómo estaba. Puedes googlearla fácilmente como «rueda de las emociones Robert Plutchik» y así darte cuenta de que decir «estoy bien» es la versión demo de tu estado emocional. No hace falta que elijas siete emociones cuando alguien te pregunte «¿qué tal?» o te marques un *speech* sobre cómo te sientes con todo el que te cruces, igual tampoco quieres dar demasiadas explicaciones, pero al menos dítelo a ti misma o a las personas con las que puedas tener ese nivel de profundidad. Es decir, si estás enfadada por algo y necesitas comunicarlo, o sientes alegría, euforia, insatisfacción, ira…, pues está bonito también honrarlas a ellas. Quizá es que después de toda mi vida diciendo «estoy bien» cuando he pasado por fases de estar verdaderamente rota, le he cogido como cierta manía a la *frasecita*. Igual identificar las emociones en esta rueda no solo te ayuda a comunicarlo, porque como ya he dicho puede que no te apetezca hacerlo, pero creo que sí ayuda a tomar perspectiva de todo lo que puede pasar ahí dentro. Que no todo es alegría, miedo, ira, tristeza y ya, sino que hay muchos matices y mucho que navegar, así que puede ser una herramienta brutal para ti y tu autoconocimiento.

Vayamos ahora a esta prisa que tenemos por «estar bien». Para empezar: ¿qué es estar bien? ¿Estar todo el día contento cantando por la casa? ¿Ir tirando flores y purpurina desde una cesta de mimbre? ¿No tener problemas? ¿No sentir tristeza nunca más? Creo que el primer ejercicio que tenemos que hacer es definir qué hemos entendido por estar bien. Más que nada porque de ahí podremos sacar las creencias que tenemos para con las emociones. Podremos identificar aquellas que consideramos «malas» o de las que huimos y, por el contrario, detectar aquellas que más perseguimos.

Estar bien se asocia con la emoción de la alegría, cuya función principal es la de permitirnos estar abiertos a lo nuevo, a la exploración, la curiosidad y, por consecuencia, a ser más productivos en términos sociales. ¿Es casualidad que sea la emoción que todo el mundo quiere sentir todo el rato y que la publicidad utiliza mayormente para vender? La alegría está bien, pero no es más importante ni «buena» que el resto.

Hecha esta parte, nos toca el trabajo de honestidad para aceptar que la vida no es lineal. Lo sé, no te cuento nada nuevo. Pero es importante que recuerdes esto porque, al no ser lineal, no vamos a poder estar bien en todo momento ni sacar siempre lo positivo de las cosas que sucedan. Habrá muchas veces que solo podremos remangarnos y decir «pues venga, pa'lante con esto» y tirar como podamos, sobre todo atendiendo a las emociones que se den en cada momento y entendiendo su función. Cuando pasamos un mal momento o la vida nos sacude, castigarnos es la peor opción posible porque no nos ayuda a movilizarnos en esa situación, sino que nos estanca, nos obliga a estar de una forma que no estamos (la típica de «sonríe» cuando estás hecha polvo, seguro que te suena) y eso solo nos hace sentir peor. Tras cada situación, si puedes sacar un aprendizaje para la vida, sobre ti misma o sobre lo que sea, fenomenal. Y si no puedes y te toca remangarte y afrontar, pues también fenomenal.

Dejemos de forzarnos a poner buena cara cuando no apetece, a decir «estoy bien» cuando el alma duele. La vida es un constante cambio y debemos ser conscientes de ello. Elegir la actitud con la que vas a afrontar las cosas no es sonreír siempre, ante cualquier circunstancia. Es saber que, pase lo que pase, vas a seguir pa'lante, vas a conocerte más, a felicitarte por seguir superando cosas, vas a salir fortalecida de lo que suceda. Me gusta mucho la expresión «alegría de vivir» porque realmente creo que plasma muy bien la decisión diaria de vivir de forma consciente, habitando cada cosa que nos pasa con la mayor calma y dispuestas a seguir adelante con la mayor alegría posible y buscando más lo bueno que lo malo.

Hay días en los que las emociones van a estar a un nivel tan fuerte, que solo vas a poder ponerte música y tratar que Bad Bunny haga su labor de hacerte venir arriba, o llorar a moco tendido con Alejandro Sanz. Hay días en los que entrar en la ducha será una puta odisea y otros en los que te sentirás una diosa al ritmo de Beyoncé (mi amigo Adri, gran fan de Queen B, feliz leyendo esta línea).

Dado que «la vida va y viene y que no se detiene», como diría mi amado Alejandro Sanz, debemos aceptar que no va a haber dos días iguales. Si bien tenemos que elegir vivir la vida con alegría, con sentido, viendo la grandeza de estar vivas en cada instante que podamos, no tienes por qué estar contenta todos los días, y eso está bien. Aunque te encuentres feliz a nivel general, puedes convivir con la tristeza, la ira, la frustración, la culpa..., porque ser feliz no es no sentir nada más que alegría, sino vivir en coherencia, lo que implica aceptar lo que sucede y atenderlo con respeto. Entender qué función tienen esas emociones, qué te quieren decir en ese momento y navegar con todas ellas de la mejor forma que puedas. A todas nos engancha la sensación de estar alegres, esas hormonas chulísimas navegando por nuestros cuerpos, la sensación de que nada malo puede pasar, de que nada importa. Ya lo siento, pero hay que dejarle espacio también al resto. Básicamente porque si las otras emociones no existieran, no podríamos saber que la alegría es alegría. Las necesitamos a todas juntitas, coexistiendo, para saber la función de cada una.

Tenemos miedo a que las emociones se queden incrustadas para siempre. Es decir, no le tememos a la tristeza, sino a que esa tristeza no se vaya nunca. No nos asusta la ira, sino no ser capaces de vivir sin esa ira interna. De ahí la importancia de aprender a gestionar las emociones: no disminuimos su intensidad o las hacemos más funcionales siendo positivos, sino entendiendo su función y su «para qué».

Mira, las cosas no siempre van a estar bien. A lo largo de nuestra vida vamos a caer, a levantarnos, a sufrir varios reveses de los que pensemos que no sabremos reponernos... y la vida seguirá abriéndose paso. Está claro que seguir con una buena actitud en momentos difíciles es muy muy complicado, pero, como alguien que tiende a encerrarse mucho en sí misma ante emociones intensas, pienso: «¿Qué nos queda si no es aferrarnos a la vida con la mejor actitud? ¿Cómo cambiaría el cuento si realmente viviéramos como si estuviéramos muriéndonos? Porque eso es justo lo que pasa, y vivimos como si tuviéramos infinitos mañanas».

El dolor que vivamos a lo largo de nuestra vida puede ser un potencial impulso. Fíjate, yo misma me considero una persona que ha sabido resurgir de su dolor y utilizarlo con propósito. Y por supuesto que no ha sido fácil, pero decidir encontrarle un «para qué» a todo lo vivido me ha servido para impulsarme y estar, por fin, en calma conmigo misma. Hay muchos otros ejemplos. Vemos personas sobrellevando enfermedades difíciles, incluso ya sin la posibilidad de un tratamiento, con entereza y dignidad. Me viene a la cabeza Hilda, una mujer que ha compartido su enfermedad por TikTok y a mí personalmente me ha dado grandes lecciones de cómo nuestra actitud ante las dificultades y el aferrarnos a la vida con alegría y gratitud puede permitir vivir las cosas desde un lugar muy diferente. Seguro que conoces muchos otros ejemplos de personas que viven cosas cotidianas, nada excesivamente atípico, y que lo hacen con una actitud que consideramos admirable. ¿Por qué nos resulta admirable que una persona, ante las dificultades, trate de sacar aprendizajes y salir engrandecida? Yo, viéndolas, a veces pienso «no sé si sería capaz de vivirlo así», pero esto también es un pensamiento intrusivo que pone en duda nuestras propias capacidades y resiliencia (gracias, Adri, por recordarme esto).

He aprendido, y creo que todas lo hemos hecho, a ver el dolor y las situaciones negativas como algo ante lo que resignarse y ver como un fracaso. A veces me cuesta ver que soy más fuerte de lo que creo, más capaz de lo que me han hecho creer. No, no siempre soy capaz de sacarle el lado positivo a las cosas, porque hay cosas que van a seguir siendo una mierda, no importa cuán grande sea mi sonrisa, pero siempre me funciona más aceptar lo que viene y aferrarme a la vida con todos sus matices, que pensar que nunca voy a salir del lugar en el que estoy. Al final, recordar todas esas situaciones dolorosas que he superado cuando creí que no lo haría, verme fortalecida después de todo lo vivido, valorar cuánto he crecido gracias a las emociones más intensas que tenían algo que contarme… es lo que me permite decir «venga, seguimos pa'lante».

Tus emociones no vienen a joderte el día. Vienen a obligarte a parar y escuchar qué pasa ahí dentro. Qué te está removiendo, a qué no estás atendiendo, a qué necesitas sanar. Es curioso que a escucharnos, a atender nuestras emociones, a tomarnos descansos, al mindfulness, a la meditación, a la fe, a buscar sentido a nuestra vida, al crecimiento personal, a la espiritualidad… se lo tache de «positivismo tóxico» y haya gente poniendo los ojos en blanco (como el icono este del WhatsApp que mira hacia arriba, ¿sabes cuál te digo?) como si estuvieras pidiéndoles que vistieran túnicas y se fueran a vivir a lo alto de un monte. Nos han educado para pensar que somos un cerebro que solo necesita productividad: hacer, hacer, hacer, razonar, pensar, aprender, estudiar, producir, producir, producir... ¿Y el corazón? ¿Y el alma? ¿Y el cuerpo? A un sistema en el que el consumismo y la productividad son las reinas no le interesa que tomes tiempo en escucharte, porque eso hará que lo cuestiones.

Todo lo que pasa en nuestra vida tiene un impacto a muchos niveles, no solo el mental. Y las emociones son precisamente una respuesta a esos estímulos que debemos atender. Toda la vida escuchando «no llores», «no te enfades», «eres una sensiblona», «no se te puede decir nada», «histérica», «sonríe más», «qué fea te pones cuando lloras», «¿estás con la regla?», «te va a dar algo con tanto nervio»... Cómo cambiaría la cosa si entendiéramos que cuanto más tapamos las emociones, más se empeñan en salir, más evidentes se hacen, menos puedes disimularlas, más «duelen». Son como el pitido del coche cuando no te abrochas el cinturón: empieza sonando suave, pero a ver quién tiene narices de conducir escuchando ese estruendo pasados unos segundos sin atenderlo.

Esos días en que sientes tanta rabia que te pesa el pecho, aprietas la mandíbula, el cuerpo está rígido. Esos días en que la tristeza te apaga el cuerpo, no tienes fuerzas, solo quieres llorar. Si tan solo nos permitiéramos un minuto de silencio, de escuchar al cuerpo y preguntarle «¿qué pasa?», no nos molestaría que hubiera personas viviendo la vida con otra actitud, no consideraríamos negativo ver la bondad y el amor en otros, no criticaríamos al que defiende vivir la vida buscando propósito y tratando de sobrellevar las situaciones con entereza y dignidad. No haríamos nada de eso porque nosotras también entenderíamos el juego de la vida y sabríamos jugarlo a nuestra manera. No intentes controlar las emociones, ENTIÉNDELAS para poder GESTIONARLAS.

Cuando sabes de dónde vienen y por qué, eres capaz de verlas y decirles «te veo, estoy al mando, todo bien» y desde ahí tomar las decisiones que sean necesarias para seguir adelante y poder gestionar esa misma situación cuando se presente más adelante.

Llevo años conviviendo con la ansiedad. Otro de los que algunos especialistas llaman «el mal del siglo xxi». La ansiedad es la forma que tiene el miedo de poner a nuestro cuerpo en alerta para poder sobrepasar lo que nos da miedo. No hace falta que sea miedo a algo concreto. En mi caso creo que se ha dado, muchas veces, por el propio miedo a sentir. El miedo a sacar las cosas que llevaban dentro de mí muchos años y que nunca me había atrevido a observar, el miedo a las propias emociones que se estaban dando en mi interior, el miedo a aquellas situaciones ficticias que mi mente recreaba sobre el futuro... Sí, el miedo al futuro creo que ha sido bastante clave en esto. «Si voy a este sitio, pasará esto», «Seguro que piensan tal cosa», «Este evento tan importante seguro que sale así o asá»... Y venga la presión en el pechito y la sensación de no poder respirar. Ole que ole.

La emoción del miedo tiene a su servicio un buen surtido de recursos como la anticipación, la fantasía... que utiliza para protegernos. Somos nosotras quienes tenemos que decirle en qué situación eso no ha pasado todavía y puede que no pase, por lo que no es necesario ponerse aún en alerta.

Quiero contarte dos ocasiones en las que la ansiedad marcaba mis pasos por varios motivos: para contarte cómo lo gestioné o lo percibí a futuro, para que veas que soy un ser humano completamente normal que siente y padece (sé que muchas veces tendemos a idealizar a determinadas personas) y para que veas que en redes sociales nada es lo que parece.

El primer evento cercano que reconozco con mi ansiedad como uno de los más duros que he vivido fue un día, a mediados de 2022, en el que tenía que grabar unos vídeos para una marca. Por si no conoces lo que hago, aparte de mi trabajo como actriz, me dedico a la divulgación y creación de contenido en redes sociales. Eso implica que trabajo para ciertas marcas que me pagan por generar un contenido con sus productos. Bien. Ese día me tocaba grabar unos vídeos que hago para una marca regularmente, en los que casi siempre hablo de temas relacionados con el bienestar y la salud mental. Como justo me pilló en esa etapa después de mi ruptura en la que estaba viviendo un duelo sin permitirme vivir un duelo, estuve muchos días demorando el momento de grabar porque no me encontraba bien, y ese día era el límite para mandar el contenido. Me puse a grabar y tardé mogollón en poder terminar. Como siempre dejo la cámara grabando y luego edito, después pude recuperar ese bruto y ver cómo me estaba dando una crisis de ansiedad en plena grabación. Durante unos meses, la ansiedad se me manifestó con picores muy intensos en manos, pies y pecho. Ese día, yo noté que empezaban a picarme las manos muchísimo. Me rascaba, tomaba aire y seguía grabando. Como pude, terminé la grabación, pero el picor fue subiendo y se me pasó a los pies. Avisé a mi *repre* de que no iba a poder entregar el contenido porque necesitaba tumbarme y en ese momento empecé a llorar muchísimo de la impotencia que sentía por no poder saciar ese picor. Estaba sola en casa y, la verdad, me asusté muchísimo. Caí redonda en un sueño que duró varias horas y lo cierto es que fue un día bastante flojo de energía, ese momento me dejó K. O.

Con el tiempo, analizando toda esa situación, me di cuenta

de que mi cuerpo llevaba semanas pidiéndome parar y no le estaba haciendo ni caso. Necesitaba estar a solas conmigo, llorar lo que tuviera que llorar, hablar lo que tuviera que hablar y dejarme sentir. Cuando acabó mi relación me pilló en un momento de muchísimo trabajo y decidí tapar con eso todo lo que estaba pasando porque «no me podía permitir parar». Lo que no nos podemos permitir es perder la vida por no querer afrontar lo que está ocurriendo en nuestro interior. Aunque sea, hacer el ejercicio de intentarlo para buscar vivir en paz.

Ese día la ansiedad se manifestó de esa forma tan intensa (te juro que no he vuelto a tener una crisis tan fuerte de ansiedad como esa ni la había tenido antes) porque ya no sabía cómo decirme: «PARA, por favor». Bueno, pues cuando subí ese vídeo con sus stories correspondientes, recibí bastantes mensajes que me decían «tienes un brillo especial en la mirada, cómo se nota que estás feliz». Ahí fue cuando decidí rescatar ese bruto del vídeo del que te hablaba antes y compartirlo con mi comunidad para ser honesta y decir «ey, no, no estoy en mi mejor momento, y ese minuto que tú ves de vídeo lleva detrás una hora de ansiedad absolutamente insoportable». Quiero que tengas este ejemplo en mente cada vez que idealices la vida de alguien o creas que esa parcelita mínima de vida que ves en redes sociales es toda la realidad de esa persona. Tú viste un minuto de mi día que identificaste como maravilloso y mira todo lo que había detrás. No siempre es así, pero es una posibilidad.

El segundo ejemplo que quiero ponerte es parecido, también en un momento de trabajo (oh, vaya, qué sorpresa) del verano pasado. Tenía que preparar un contenido sobre meditación para una colaboración. Llevaba semanas dándole vueltas a cómo iba a hacerlo, pero no sacaba nada en claro. Cada vez que me tenía que sentar a escribir algo, me entraba un agobio increíble, me paralizaba, no me salían las ideas, eso me generaba todavía más agobio, aparecía la rabia, la frustración, los pensamientos intrusivos de «no sabes hacer nada» y, por supuesto, la ansiedad. Estaba sentada en mi terraza un domingo, el día límite para ponerme con ese contenido porque al día siguiente me tocaba mandar las ideas, y exploté. Me dio un ataque de ansiedad, solo podía llorar, estaba supernerviosa. Intenté poco a poco respirar y poner atención en qué se escondía debajo de toda esa ansiedad. Pues verás: en el mail inicial, la marca había escrito que le gustaría que siguiera mi línea «graciosa» para estos vídeos. Es bien sabido que mi popularidad en Croquetamente se labró a través de unos vídeos de humor y es algo que he querido ir puliendo a lo largo de los meses, mostrando otras facetas de mí que me parecen incluso más valiosas que el humor. Bien, pues en ese momento en mi terraza, mientras respiraba profundamente y me intentaba transmitir palabras de calma como si estuviera abrazándome, salió de mí una frase disparada: «No quiero ser graciosa». La dije, mi pareja me miró, me puse a llorar de alivio y repetí: «No quiero ser graciosa». Te juro que sentí como si me quitaran una losa de diez kilos del pecho.

De repente, todas las emociones que llevaban apareciendo durante semanas y que se habían disparado en esa mañana en la terraza cobraron sentido. Lo que mi cuerpo y mi alma querían decirme era que necesitaba otra cosa. El problema es que mi mente, con todas esas creencias de ser perfecta y cumplir con todos los deberes de forma impecable, no estaba dejando espacio para mis necesidades (algo muy común en mí, te tengo que decir). En el momento que entendí qué querían decirme mis emociones, todo cobró sentido y desapareció cualquier ápice de nerviosismo o ansiedad. Lo mejor fue que pude expresarme con honestidad y el equipo de trabajo no solo entendió perfectamente mi necesidad, sino que valoraron que me hubiera abierto de esa forma con ellos y pude crear desde mi Yo más sincero.

Esa es la magnitud que tiene escuchar a tus emociones y dejar de juzgarlas. No es un proceso fácil, sobre todo porque venimos de una educación que no nos invita a aprender cómo hacerlo, pero esos momentos en silencio contigo preguntándole a tu cuerpo literalmente «¿qué quieres decirme?», analizando tu historia de vida, repasando cada momento que haya podido tener un impacto en ti... son lo que de verdad te permite ser libre y honrar lo que necesitas.

Me da la risa porque parece que con estos dos ejemplos que te pongo quiera decir que nadie debería trabajar. A ver, más tranquilas estaríamos, eso está claro, pero por supuesto no me refiero a eso. Mi problema ha sido tapar de esa forma mis emociones. Amo mi trabajo y que me permita, por ejemplo, estar escribiendo este libro. Pero reconozco que me he pasado en cuanto a carga de trabajo, llevando a mi cuerpo a límites muy poco sanos solo porque la idea de quedarme parada, en silencio y dejarme sentir me aterraba no te puedo explicar cuánto.

Lo que quiero que te lleves de este capítulo es que cuando entiendes tus emociones y no las juzgas, sino que las honras, eres capaz de expresarlas al resto, poner tus límites y tus necesidades sobre la mesa, y aquellos que vibren en sintonía contigo valorarán tu sinceridad y abrazarán todo aquello que eres. Deja de tener miedo a decir cómo te sientes por si los demás deciden irse. No mereces a tu lado personas que no valoren quien eres en tu totalidad y que no hagan el ejercicio de sostener eso que sientes o incluso tratar de entender de dónde viene.

Navegar en lo que sentimos es a veces incómodo, doloroso, da miedo. Pero es el camino más apasionante que podemos hacer y que nutrirá nuestra vida. Conocerte, entender cómo se manifiestan las emociones en ti, permitirte sentir todo, rodearte de personas que sostengan lo que sientes aunque puedan no entenderlo... le da verdadero sentido a nuestra existencia y nos permite expandirnos, crecer, evolucionar. Vivir negando lo que sentimos y con ese escudo puesto de «aquí no hay nada que observar» solo estanca nuestras vidas a una insatisfacción constante y esa sensación de que nada tiene sentido.

Nada de lo que sientes es malo, no hay nada erróneo en esas emociones que hoy te generan incomodidad. Todo tiene una razón de ser, es la forma en que tu cuerpo aprendió a expresar lo que está sintiendo. Conócete, obsérvate, escúchate, honra todo eso que pasa en ti y que te demuestra que estás viva.

LOS DÍAS MALOS

Empieza el día. Desde que suena el despertador presiento que algo no va bien. Llego al espejo. Oh, mierda. Hoy va a ser uno de esos días. No, por favor, Dios mío, ¿por qué? Ayer estuve bien, salí con las chicas a cenar, me sentía una diosa con el *look* que elegí, hasta bailé desnuda frente al espejo... Hoy no. Hoy lo primero que destaco en mi reflejo es la forma abultada de mi tripa. Qué rabia me da esa forma abultada de mi tripa. «¿Será que algo me inflamó?», «Debería dejar el alcohol definitivamente», «Dios, mira qué ojeras, y estos pelos, y los brazos anchos, y los dientes amarillos de tantos años enganchada al tabaco... Por favor, ¿quién te creías ayer?».

Hoy va a ser uno de esos días en los que tú, doña Rogelia, no me vas a dejar tranquila, ¿verdad? Es eso. Lo primero que pienso es: «No, por favor, no quiero volver ahí». Me niego a volver a ese pozo que parece no tener fondo. Me niego a la oscuridad, al rechazo, al no querer salir de la cama. Entonces recuerdo las palabras de mi psicóloga, Melanie: «Mara, tranquila, no puedes volver a ese mismo punto porque ya no eres la misma persona que un día estuvo allí. Estarás mal algunos días, sentirás que caes, pero tienes muchas herramientas que te permitirán mantenerte a flote». *Venga, tía, tú puedes con esto*, me repito.

Me resulta sumamente cansado rechazar a mi cuerpo veinte de cada treinta días. Bueno, quizá ahora son menos y estoy exagerando un poco. Pero últimamente son más de los que me gustaría. Sí, intento ser compasiva, repetirme las frases pegadas en mi pared, pero te juro que hay días que parece que nada funcione... ¿Te suena?

Esto que me está pasando les está pasando a muchas personas más. Eso lo tengo claro. Desde que me hice redes sociales y empecé a compartir estas sensaciones, lo he confirmado. No estoy sola en este dolor. Es una herida colectiva que sangra a destiempo, a algunas los lunes, a otras los jueves... Pero que ahí sigue, desgarrando muchas veces la piel que intento cuidar después de tanto castigo. Y es que esta es la mayor verdad en el viaje de la imagen corporal: estamos todas en la misma. A todas nos atraviesa el sufrimiento desde lugares distintos, nos oprimen violencias distintas, pero nos duelen las hostias sin manos de un sistema que señala a los cuerpos y los vulnera a su antojo.

Definiré días malos como esos días en los que las emociones están a un nivel tan intenso que, por más que trates, no eres capaz de encontrar un equilibrio. Estar mal está bien, pero es una mierda. No me refiero a la tristeza, que es necesaria y nos cuenta mucho, sino la apatía, la baja energía, sentirlo todo como un esfuerzo brutal. Entiendo perfectamente que quieras salir de ahí cuanto antes, pero, spoiler: cuanto más te esfuerces por salir sin escuchar lo que está pasando, peor va a ser.

Los días malos son un poco «arena movediza». Tienen ese efecto de que, si no te paras un segundo a escuchar qué pasa, te devoran por completo. Un día de peli y manta no está mal, dos tampoco. Que algunos días no tengas ganas de quedar con gente es hasta normal. Lo importante, como hablábamos con las emociones, es que no se convierta en algo disfuncional para ti. Que después de un día malo, sepas remontar y autorregularte. Que ese día malo no se convierta en algo continuo que no te permite funcionar con normalidad. En el momento que te conoces lo suficiente, después de mucha escucha, mucha paciencia y compasión, eres capaz de identificar que algo pasa en tu interior e ir a por la causa. Así empezaba este capítulo: me levanto, noto que algo pasa, soy capaz de escuchar mi diálogo interno, entiendo entonces por qué siento esa ira incontrolable, «aaah, era por eso», y todo se empieza a hacer un poco más pequeñito. Quizá no desaparece aunque lo entiendas y sigues necesitando ese día de «mi-me-conmigo», pero sí notarás que la incomodidad es mucho más pequeña que cuando no entendemos qué nos pasa, que entramos en el bucle del agobio de «por qué estoy así» y solo queremos estar bien, estar bien, estar bien, estar bien sin pararnos ni un segundo a escuchar.

Que sí, que estoy contigo, que a veces es tremendamente complicado gestionar los días malos. Sobre todo cuando parecen no acabar nunca y sientes que no tienes fuerzas para salir de ahí. Como ya he dicho varias veces en este libro, lo que siempre te voy a recomendar si sientes que tu día a día no es funcional por cualquier cuestión, es que acudas a un profesional de la salud mental para poder obtener todas las herramientas que te ayudarán a mejorar esa situación. Algo muy importante que he aprendido a lo largo de mi vida es que no tienes que normalizar vivir día a día con un malestar que te limita. Lógicamente, un día tontorrón lo tiene cualquiera, pero creo que sabes bien que no me refiero a eso. Normalicemos tener días tontorrones, pongamos remedio a que todos los días sean tontorrones, ¿me explico?

No pasa nada si hoy te sientes con menos energía.

No pasa nada si no tienes ganas de socializar.

No pasa nada si hay alguna emoción que se está poniendo peleona y no sabes cómo gestionar.

No tienes que saber solucionar todo lo que pasa ahora, ya, en este momento.

Tienes permiso incondicional para pedir ayuda.

Tienes derecho a buscar la forma de sanar tus heridas y vivir una vida plena y funcional.

Y como alguien que lleva un tiempo tomando psicofármacos para rebajar esa intensidad emocional, quiero que tengas bien claro algo que yo misma he tenido que deconstruir para poder avanzar en mi proceso: tomar una pastilla al día que regule tu sistema nervioso no es un fracaso. No es lo peor que puede pasarte. Es una muleta, como tantas veces me dijo mi amiga Sheila de @kokoro_psiconutricion, y como no dejan de repetirme mis terapeutas, para poder bajar las revoluciones y avanzar. No sientas que todo está perdido o percibas como un fracaso el hecho de tener que pedir ayuda y recurrir a algo externo que, pautado por un profesional, pueda salvarte la vida. Estás haciendo todo lo que puedes hoy, y eso es más que suficiente.

Como este libro pretende ser un empujoncito y un apoyo extra, voy a contarte aquellas cosas que me ayudan a gestionar estos momentos algo más complicados:

Escribir lo que siento para observarlo «desde fuera»: a priori parece una bobada, pero no lo es. Escribir es superterapéutico, y no me refiero a escribir un libro ni a hacerlo de forma perfecta como un escritor experto. Escribir al más puro estilo del diario de Piolín que escribías con nueve años (el mío era de las Supernenas y tenía candado, qué tiempos). Escribir nos ayuda a soltar todo ese ruido mental que hay en nuestra cabecita. Ese desorden de ideas destartaladas que ni siquiera podemos comprender a veces. Una vez lo hemos soltado y plasmado en el papel, releerlo nos permite observar desde fuera qué nos está pasando, sin doña Rogelia por medio dando su opinión, solo leyendo como si fuera el WhatsApp de tu amiga. Y ahí viene «la magia». Muchos de nuestros pensamientos, de los cuentos que nos cuenta doña Rogelia, solo quieren que les prestes un poquito de atención. Cuando te tomas ese instante para observar, ese ruido que ha empezado siendo superenorme puede hacerse algo más pequeñito.

Ya le has hecho caso, lo has visto, puedes atenderlo y decidir qué vas a hacer con él. Se acabó la jarana mental. Hay otras veces que, por el contrario, observar qué está pasando en nuestra cabecita nos ayuda a tomar perspectiva para decidir cómo abordar esa situación. Por eso, sea lo que sea que está pasando en tu interior, coger un trocito de papel y volcarlo ahí puede ayudarte a observar y tomar las decisiones que consideres que debes tomar.

COMPASIÓN, tía. No soy mis pensamientos ni mis malos momentos: mis pensamientos son ideas que aparecen, los malos momentos son eso, momentos. Al igual que lo son los buenos momentos en los que todo parece ir sobre ruedas. No puedo sobreidentificarme con ellos como si me definieran porque, con la cantidad de pensamientos que pasan por nuestra cabeza en un día…, ¿te imaginas tener que ser todo eso? No te da la vida, mi niña, te lo digo yo. Tu ser no lo definen ni los malos momentos ni los millones de pensamientos diarios. Reconocer que SOY HUMANA, como diría la maravillosa cantante Chenoa, que puedo tener días reguleros, que no solo lo reconozco, sino que me los permito como se los permito a mi mejor amiga, que observo de dónde viene ese malestar y transito todas las emociones a las que me lleve. Bloquearte solo sirve para que tu malestar haga todavía más ruido. Atiende lo que esté pasando, reconoce tu control en esa situación y trátate con la compasión y el cariño con los que tratarías a cualquiera que ames.

Comunicar lo que siento a la gente que me rodea para que lo sepan, respeten mi espacio y mis necesidades y me sostengan si es necesario. Un mensajito de «oye, nena, que hoy estoy flojilla. No me tengas en cuenta si tardo un diíta en contestarte el wasap. TKM». Y te aviso: las personas que te quieren de verdad respetan ese momento tuyo. Sin peros.

Atender mis necesidades. Qué alegría le dan a una los días de caprichitos, ¿no te parece? Los días malos intento hacer los planes que me apetecen, así sea no hacer nada más que tirarme en el sofá y descansar. Visto ropa cómoda que me haga sentir bien, me preparo comida rica para disfrutar, busco cosas que me saquen de mi discurso mental como una serie o peli entretenida, leer, dar un paseo… Lo que me apetezca ese día, en definitiva.

Ojito a lo que te cuenta tu doña Rogelia. Hay que estar MUY atenta al discurso mental que nos estamos contando. Lo que mencionábamos antes de que a veces te encuentras de mala leche de un momento a otro y cuando te paras a oír lo que te estás diciendo, flipas de lo destructivo que es el discurso. Pues en los días malos intento estar MUCHO en mi voz interna, atenta a lo que me ando diciendo para poder parar, respirar hondo y decirme algo compasivo y bonito, porque yo en el fondo sé que es lo que merezco y, aunque quizá no pueda darme todo el amor que desearía por mi estado actual, tratarme con un pelín más de respeto hace, y mucho.

Una ducha consciente. Y ahora tú dirás: «¿Una qué?». Pues sí, tal cual como lo lees: toma una ducha consciente. ¿Cuántas veces te das una ducha sintiendo realmente que te estás dando una ducha? Sin Bad Bunny de fondo, ni pensando en la lista de la compra ni recreando en tu cabeza cómo debería haber sido aquella conversación de hace tres meses. Ducharte sabiendo que te estás duchando. Notar el agua caer, sentir la temperatura a la que está y el efecto que genera en tu piel. Enjabonarte con cariño, no dándole a la esponja como si fregaras la encimera. Apagar la luz fuerte del baño y encender un par de velas, poner música relajante, agradecer ese momento que estás viviendo y de verdad notar cómo ese agua que te toca se lleva consigo todo el mal rollo del día, todo el cansancio y todas las emociones difíciles que estás transitando. Una ducha no va a eliminar tus problemas, claro que no. Pero te va a permitir vivir un momento consciente, que incluso podríamos considerar autocuidado, dado el mimo que le vamos a poner, y que puede ayudarte a regular esas emociones desagradables que tal vez estás transitando. Recuerda todas esas veces que quizá has dicho «guau, esta ducha me ha dejado nueva». Pues ahora imagina hacerla de forma todavía más consciente. Sé que a veces hay situaciones complicadas, tipo: «Tengo dos hijos, ¿cómo les cuento que mamá va a darse una ducha a la luz de las velas?». Esta es una herramienta más, que puedes usar o no, pero si en algún momento dispones del tiempo (cuidadito, sin gastar mucha agua, que ya sabemos cómo está el planeta), te invito con todo mi cariño a que la hagas. Es algo realmente útil para mí.

El maravilloso mundo de la meditación. Quizá el hábito que más me cuesta adoptar en mi vida. Yo, siempre con la cabeza en mil sitios a la vez, intentando frenar unos minutos para ponerme en el presente. También pensaba que eso no era para mí, pero ciertamente, la meditación es una de las prácticas que mejor sensación me deja en el cuerpito. No necesitas hacerlo durante horas, puede que unos minutos al día basten para respirar hondo, cerrar los ojos y centrarte en lo que está pasando ahora. En este campo soy todo menos una experta, así que te propongo que sigas a personas como Ian de @sapodecara que consiguen acercarte a la meditación desde un lugar superbonito, y si quieres mi recomendación sobre aplicaciones para meditar de forma corta y guiada, para mí la mejor es Petit BamBou, que ya te he nombrado varias veces a lo largo del libro. Yo estuve usándola muchos meses cuando quería empezar a meditar y luego tuve la suerte de poder trabajar con ellos, así que de todo corazón te la paso por si te sirve.

No olvides que eres tierra. Y no, no me refiero a tu horóscopo. Vienes de la naturaleza. Eres parte de la Pacha Mama. Siempre que puedas, rodéate de naturaleza, especialmente en los días difíciles. Basta con un paseo en un entorno natural: parque, bosque, campo... para regular nuestro sistema nervioso. Ya si quieres abrazar árboles, lo dejo a tu elección. Pero, de verdad, no te pierdas en el ruido de la ciudad y busca respirar aire puro cada vez que puedas. Necesitamos esa conexión con la tierra, con el lugar de donde venimos, y en los días malos ese bienestar que encontramos en el medio natural nos ayuda mucho.

Un buen libro. Vaya, ahora que lo pienso, quizá justamente este libro esté siendo para ti una herramienta para gestionar los días malos, ¿no? Qué fuerte, jo. Pues eso, que a veces un buen ratito de lectura también nos ayuda a lidiar con esos momentos complicados y nos permite evadirnos de lo negativo que pueda estar pasando. No siempre vamos a tener las fuerzas para afrontar algo aquí y ahora, así que si necesitas un momento de disfrute dentro del caos interno que estás pasando, quizá un libro puede ayudarte.

Hoy, solo temazos. Si algo puede ayudarnos a regular esas sensaciones internas e incluso conectarnos con la alegría, es una música alegre. Y ojo, que de esto hay estudios. Para cuando estés leyendo este libro, el programa *El año de las emociones*, que he presentado para Playz, ya estará disponible, así que corre a ver el primer episodio donde justamente hablamos de esto (barriendo para casa, ya tú sabes). En esos días más tontorrones donde tu energía esté bajita, elige esas canciones que te ponen de buen humor o una lista de reproducción que te saque una sonrisa. Si quieres una de confianza, desde mi cuenta de Instagram creamos dos listas de reproducción junto a mi comunidad, las Croquetillas, que somos ya una gran familia. Una se llama «Croquetillas buenrolleras», con temazos como estos que buscamos para los días malos, y otra «Respira», para cuando lo que necesites sea una buena lloradita. Ambas puedes buscarlas en Spotify y las creamos entre todas, para todas.

Una lloradita y a seguir existiendo. Mi sticker favorito de WhatsApp, sí lo digo. A veces todo lo que necesitamos en días complicados es soltar y hacernos bolita. Puedes soltar llorando, cantando, bailando, saltando o haciendo todo a la vez, que también está bien. Antes te hablaba de las duchas conscientes. No son pocas las duchas que me habré pegado llorando a todo pulmón con las canciones de Belén Aguilera, así que te recomiendo encarecidamente una buena lloradita como modo de desahogo. Tanto estigma que tiene el llorar y lo sano que es, amiga.

Una cosa a la vez. No intentes, en un día malo, hacer todo lo que no has hecho en una semana. Pon atención a cada cosa que hagas y felicítate por cada pequeña cosa que logres. Ahora el desayuno, ahora el trabajo, ahora he hecho sonreír a alguien, ahora he cocinado algo superrico, ahora leo, ahora me ducho... No intentes ser megaproductiva en un día así. Permítete ir haciendo una cosa, luego otra... Una cosa cada vez. No quinientas.

En definitiva, todos lo hacemos lo mejor que sabemos y podemos. Usa estas herramientas como mejor creas que pueden servirte y añade todas aquellas que te sean útiles. No hay un truco infalible más que combinar todo aquello que pueda servirte para calmar lo que te está pasando hoy y confiar, confiar mucho en el proceso. Sé que a veces esto es difícil porque pensamos que nunca vamos a salir de eso que nos pasa y tendemos a sentir que ese dolor con el que vivimos va a ser permanente, pero en este tipo de procesos, creo que aferrarnos a todo aquello que nos transmita un poquito de alegría y bienestar y confiar muchísimo en la idea de estar mejor es un paso enorme a la hora de recuperarnos.

Yo personalmente he pasado de vivir en un estado de dolor permanente a convencerme de que no puedo estar en esta vida SOLO para sufrir. Quizá me autoengaño, puede que sí, pero esta forma me beneficia para mantenerme con vida y afrontar lo que se me presenta… Creo que cada uno debe respetar la forma de hacer del otro (siempre que no atente contra la integridad de otras personas) y explorar la que mejor le venga a él o ella. El dolor es dolor. Va a estar ahí siempre, no puedo estar más de acuerdo. Aun así, hay personas que, encontrando ese «para qué» de las cosas que vivimos, conseguimos que ese dolor sane. ¿Autoconvencimiento? ¿Autoengaño? Pues quizá sí. Pero no todos estamos preparados para asumir situaciones superdolorosas y traumáticas así, sin más, porque «nos toca». A veces buscar ese «para qué» te ayuda a calmar ese dolor, y aunque finalmente no lo encuentres, por lo menos se intenta para poder avanzar. Hacer eso, igual que el mindfulness, la autoayuda, la fe… son herramientas que están ahí para quien las necesite, no para todo el mundo. Quien no las necesite y tenga las suyas propias, es igual de respetable, pero, por favor, no olvidemos que cada persona lo hace lo mejor que sabe en este momento y que pueden funcionarte cosas que al resto no, y al revés.

Voy a proponerte algo que me ha servido mucho desde que lo hice para anclarme a tierra en los momentos *reguleros*. Hay quien lo llama *vision board*, pero yo prefiero llamarlo el *murito del amor*. Antes, cuando hablábamos de la niña interior, compartía contigo la herramienta de buscar una foto tuya de pequeña junto a una frase que te transmita calma y amor, para ponerla en un lugar visible e ir practicando esa compasión hacia ti. Bien, en mi caso, como te contaba, la tengo en el despacho y no está sola. Junto a ella tengo otras cosas que me ayudan a tomar conciencia de quién soy, de qué cosas soy capaz y que me transmiten calma y serenidad. Cosas que hay en ese *murito del amor*:

- Hojas con frases o afirmaciones que me conectan con el poderío.
- Ilustraciones, dibujos o viñetas de artistas que admiro y que van acompañados de frases que me inspiran.
- Recortes y fotos de momentos especiales: una entrada de *Gordas*, una foto de la función… En definitiva, cosas bonitas que me acarician el corazón y me recuerdan todo aquello que agradecer.

A lo que te animo contándote la decoración de mi pared es a crear tu propio *murito del amor*, ese que te permita, en los días donde tu doña Rogelia se ponga intensa, recordar quién eres y qué cosas te han abrazado fuerte el corazón a lo largo de tu vida. Pueden ser fotos especiales, frases que te inspiren, estrofas de canciones, dibujos… Lo que sea, que cuando lo mires te conecte con tu verdadera esencia y te dé paz.

Ala, ya sabes, te toca rebuscar en tu caja de los recuerdos para sacar aquellas reliquias que te saquen una buena sonrisa. ☺ Y si quieres compartirla con nosotras, ya sabes, usa el hastag #MasYoQueNunca y que todo el que te siga se inspire para hacerse su *murito del amor*.

*¡Ey! Y si no puedes hacerlo ahora, dobla la esquina de esta página y vuelve aquí cuando lo necesites y quieras :)

Yo sé que lo puedes conseguir.
Confío plenamente en ti.
Ánimo. ♥

LA CORDILLERA DE LAS EXPECTATIVAS

LÍMITES

Seguro que has oído muchas veces esta palabra. *Límites*, qué bien suena, ¿no? Pero qué difícil parece aplicarlos. Podríamos decir que los límites son los compromisos y las líneas que necesitamos «dibujar» en distintos aspectos de nuestra vida para mantener nuestro bienestar. A veces «dibujamos» esos límites para alejarnos de personas o situaciones que atentan contra ese bienestar y que por tanto no podemos tener en nuestro entorno. El «problema» de poner límites (lo entrecomillo porque para mí ya no lo es, pero sé que al principio sí lo parece) es que requieren de un ejercicio de generosidad y honestidad hacia nosotras mismas que cuesta mucho cultivar. Sabemos que poner límites implica que la otra persona va a tener que asumir que ha hecho algo que nos ha herido o que va a tener que cambiar alguna forma de actuar o de dirigirse a nosotras, cosa que muchas veces impacta contra el ego de esa persona y por eso toma esa actitud de atacarnos, de hacerse la víctima o de asegurar que no ha hecho nada malo como para que reaccionemos así. Muchas veces, cuando las personas no están trabajadas a nivel emocional y se llevan las cosas a sí mismas, poner límites suena a algo tipo:

> **Yo:** «Oye, eso que dijiste ayer en la cena frente a todos me hizo sentir bastante mal. Preferiría que no hicieras comentarios de esa forma, porque es algo que estoy trabajando y que me afecta un poco».

Esa persona: «Madre mía, tía, es que no se te puede decir nada. Si yo lo digo por tu bien, ¿qué más da quién haya delante? Nada, si prefieres no me preocupo por ti y ya está, que parece que todo lo hago mal».

Estas reacciones pueden provocar en nosotras la sensación de no ser suficientes, de pensar que no deberíamos haber dicho nada para no enfadar a la otra persona y poner en riesgo que se vaya de nuestra vida. Nos crea esa ansiedad (que recordemos: es la herramienta del miedo para avisarnos de un peligro, aunque este no sea real), ese «seguro que se va porque la he liado, no debería haber dicho eso», pero, amiga, no tienes que seguir intentando obviar tus límites para encajar en los moldes de otras personas ni temerle a cómo las relaciones puedan cambiar, porque el cambio es parte de la vida.

No, cuando te pongo un límite no estoy yendo contra tu persona ni creo que lo haces todo mal. Sé que tu mente te cuenta eso para intentar protegerte del impacto emocional que puede tener asumir que has hecho daño a otra persona o que has hecho algo mal. Pero no pasa nada, las personas nos equivocamos, cometemos errores, hacemos daño sin querer. Solo te lo digo para que puedas ser más consciente, para que puedas entender cómo me siento y ambas podamos responsabilizarnos de las cosas que hacemos o decimos. Yo, por mi parte, me hago responsable de dónde viene ese dolor y qué hago con él. Solo te pido que, por tu parte, intentes no seguir haciendo cosas que me hacen sentir mal. Es así.

En mi experiencia, aprender a poner límites también viene dado por el trabajo de autoestima. Cuando no te quieres, cuando no te sabes poner en valor porque crees que no eres suficiente, es muy difícil que sepas qué quieres, qué no quieres y que te atrevas a pedírselo al resto. Si yo siento que soy poca cosa, cualquier muestra de afecto, por pequeña que sea, me va a parecer mucho más de lo que merezco. Así, por el miedo que tengo a perderte, no te diré todo eso que me hace daño y de esa forma estaré haciéndome daño a mí misma. Cuando sanas tu autoestima y reconoces todo el valor que hay en ti, te haces consciente de aquellas cosas que no vas a volver a tolerar para proteger tu bienestar. No más comentarios sobre mi cuerpo, no más privarme de libertad, no más control sobre mi persona, no más reírte de mí «de broma». No, por ahí no paso. Son mis límites, son las cosas que necesito que se cumplan para poder estar bien.

A la hora de poner límites, y en la vida en general, tengo que intentar hacerme responsable de mis emociones, de cómo me hacen sentir las cosas a mí. Porque mi forma de sentir no tiene que ser la misma que la del resto, y esto está bien. Hacerme responsable de mis emociones me puede permitir darme cuenta de que algunas cosas vienen dadas por heridas del pasado, por traumas, por todo lo que he vivido, y que quizá, sanándolas, consigo reducir el nivel de intensidad con el que las vivo. Otras no; otras cosas, aun sanando, sabré que son parte de mi lista de *inamovibles* y eso también está bien. Ejemplos de mi cosecha:

> **Versión pasado:** «Eso que dijiste ayer me hizo sentir muy triste. Entiendo el lugar desde donde lo dijiste, pero a mí me recordó a algo que pasó hace tiempo y que todavía me remueve. Sé que es mío; de hecho, veo perfectamente de dónde viene y estoy trabajando en ello, pero te pido que intentes ponerle atención la próxima vez, porfi».
>
> **Versión inamovibles:** «Sé que no lo haces con mala intención, pero te pido que dejes de hacer comentarios sobre mi cuer-

po. Es algo que me ha costado mucho trabajar y yo me conozco mejor que nadie, así que estoy segura de que podremos hablar de otras cosas mucho más interesantes a partir de ahora».

Y sé que ahora, si no estás acostumbrada a poner límites o a tener conversaciones así de profundas, te parecen frases sacadas de libro e imposibles de aplicar en la vida diaria, pero te prometo que no es así. Si algo agradezco de empezar a poner límites y rodearme de las personas correctas, es que estas conversaciones con este nivel de profundidad pueden darse desde ese lugar, hablando desde el corazón, para mejorar nuestra relación. Y déjame decirte algo: las personas que te quieren bien respetarán tus límites sin cuestionarte. Porque tienes derecho a que todavía haya cosas del pasado que duelan, tienes derecho a estar sanando a tu ritmo y tienes derecho a decir NO a cosas que ya no te apetece vivir. Sin importar si vienen de ayer, de la infancia o de esta mañana. A medida que crecemos, el «¿qué dirán?» se instala tan fuerte en nosotras que nos imponemos complacer al resto hasta olvidarnos de lo que realmente queremos y de pedirlo sin miedo.

Un día recibí un mensaje de una Croquetilla en el que me decía algo imprescindible: «Las relaciones son como las plantas, hay que cuidarlas, y el árbol de la familia hay que podarlo». Para mí, poner límites a la familia y a mi entorno más cercano ha sido de las cosas más complicadas a las que me he enfrentado, y sé que para ti también puede ser así por los mensajes que me mandáis prácticamente a diario:

«¿Cómo puedo decirle a mi madre que no haga estos comentarios?».

«Hoy he vivido una situación superincómoda con un familiar, ¿cómo puedo afrontarla?».

«Tengo una amiga que me hace sentir mal con las cosas que me dice, ¿cómo consigo parar esta situación?».

Lamento decirte que no tengo un manual perfecto de cómo hacer las cosas. Creo que cada una tiene que ir probando hasta que da con la tecla correcta. En mi caso, ha habido veces que no me he atrevido a tener esa conversación y la huida ha sido la única vía que se me ha ocurrido. Otras que he podido tener una conversación serena, de corazón a corazón, para contarle a la otra persona cómo me sentía. En otras, sin embargo, los límites han salido desde la más pura rabia porque necesitaba que esa persona me escuchara de una vez. Poner límites no siempre sale bien, entendiendo «bien» como que la otra persona reciba eso que le dices y podáis avanzar.

Particularmente, he hablado con personas que se han enfadado muchísimo y me han dicho cosas realmente horribles después de abrirme desde un lugar lo más calmado posible, ha habido personas con las que fui poniendo distancia y de alguna forma «dejamos morir» la relación con alguna pullita que otra (ya sabes, contestarme a los WhatsApp con monosílabos, no querer quedar, eliminarme de redes sociales…), otras con las que directamente esa conversación no se ha podido dar y hemos pasado a cambiar nuestro modelo de relación (más distancia, menos confianza…) y otras que siguen en mi vida, con las que sí he podido hablar desde un lugar compasivo y hemos podido acercar posturas. Ya ves, las tengo de todos los colores, como absolutamente todas. Estamos en la misma.

Lo que sí tengo claro después de todos los límites que he tenido que poner a lo largo de mi vida, es que hacerlo es un paso importantísimo para darte el valor y el lugar que mereces. No tienes que soportar mal trato de absolutamente nadie. Porque sí, la gente puede hacer cosas mal y eso puede repercutir en un daño hacia ti. Es la vida misma. Y tú tienes derecho a decidir qué quieres hacer con todo eso que te ha afectado.

En cuanto a la familia, debemos entender que nuestros familiares, antes de ese «título», son personas, y no tenemos por qué coincidir en todo. Esas personas tienen sus propias historias de vida, arrastran sus propias heridas y formas de hacer las cosas y no tienen por qué coincidir con las tuyas. Puedes pensar y actuar distinto a las personas de tu familia, por más que te hayas criado con ellas. Es horrible pensar que les debes ser una copia fiel a las personas de tu entorno, porque tu esencia es únicamente tuya y por nada del mundo debes perderla. Deja de intentar encajar en los moldes donde no cabes y pierde el miedo a alzar la voz para pedir aquello que necesitas y que sabes que mereces.

Con las amistades y las relaciones de pareja, más de lo mismo. Queremos a las personas y nos apegamos desde un lugar tan inconsciente a ellas, que pensar en decirles lo que necesitamos o lo que nos ha hecho daño nos aterra por la idea de que se alejen de nosotras. Ten esto claro: quien te quiere bien no se va de tu vida cuando le expresas cómo te sientes. Y si se quiere marchar porque no puede entenderte o le pareces «demasiado», ábrele las puertas de par en par. Nunca serás demasiado o muy poco para las personas correctas. Quizá alguien no puede entender tus límites a la primera, o le chocan, pero si te quiere desde el lugar correcto hará el ejercicio de escucharte con el corazón y tratará de acercar posturas. Porque hoy eres tú quien pone esos límites, pero mañana será esa persona y te tocará a ti aceptarlos. Así se construyen las relaciones. Piérdele el miedo a que las personas se vayan de tu vida, porque se va quien se tiene que ir y viene quien se tiene que quedar.

Un ejemplo de cómo podríamos poner límites de una forma sana y calmada sería intentar hablar con esa persona para expresarle cómo nos hace sentir lo que ha pasado: «Pepita, mira, me gustaría explicarte que eso que pasó anoche me hizo sentir así o asá».

Cuando hagamos esto, intentemos tomar la responsabilidad de nuestras emociones en vez de decir la típica «porque tú hiciste, porque tú siempre haces, porque tú me has hecho daño...». Eso solo hará que la otra persona se sienta más atacada y que no podamos hablar desde la vulnerabilidad y la calma. En vez de eso, hablemos desde el yo: «Yo siento...», «He pensado que...», «Lo que dijiste el otro día hizo que me sintiera...». Tampoco caigamos en los absolutos: siempre, nunca, jamás... porque (por experiencia te lo digo) pueden intensificar en la otra persona la sensación de «todo lo hago mal». Al final, tenemos que pensar que la persona que tenemos delante también tiene unas heridas, una mochila cargada de vivencias, y tenemos que intentar comunicarnos con todo el respeto que podamos, si lo que queremos es llegar a un acuerdo.

Si esa persona no hace caso a mi explicación o intenta invalidarla, no pierdo el tiempo intentando convencerla. Tú ya has expresado lo que necesitabas, ahora es responsabilidad de la otra persona decidir qué hace con eso y qué espacio les va a dar a las justificaciones que pone su ego de «tú no has hecho nada malo», «es una exagerada» o «no se le puede decir nada».

Si ves que sigues sin sentirte cómoda en esa relación, que no puedes expresarte con libertad, que no te apetece seguir en contacto..., puedes empezar a poner una distancia real entre vosotras: quedar menos, reducir el contacto o romper la relación definitivamente si es lo que necesitas, siempre intentando mantener la responsabilidad afectiva.

Nos cuesta muchísimo aceptar que hay relaciones que un día simplemente ya no dan más de sí. Que con el tiempo evolucionamos y dejan de rimar las personas de las que nos rodeábamos, que empezamos un proceso terapéutico y decidimos que no queremos seguir formando parte de ciertos grupos en los que se genera un ambiente tóxico o que no paran de pasar cosas que nos hieren y no queremos más de eso. Nos apegamos a las relaciones desde un lugar que nos resulta muy complicado para aceptar los cambios. Si una relación ya no rima conmigo, puedo soltarla con amor y gratitud. Esa persona ha formado parte de mi vida, me ha enseñado cosas, he disfrutado (o no) y ahora decido soltarla agradeciendo ese tiempo en mi vida y deseando que el mundo la trate bien. Ya está. A seguir. No es obligatorio estar toda la vida intentando encajar en los moldes del resto ni obviar tus necesidades para seguir gustándole a la amiga que tienes desde los cinco años.

Otra cosa que tener clara: aquellas personas que no respetan tus límites son las que se beneficiaban cuando no ponías límites. Lo tengo más que comprobado. Aquellas personas que formaban parte de mi vida y que se enfadaron y me llamaron de todo el día que les puse límites eran las que se aprovechaban de esa versión de mí que decía sí a todo y que nunca se daba importancia. Aquellas amigas que me trataban mal cuando estaban enfadadas, las que me obligaban a irlas a buscar al trabajo en coche (literal, obligarme o me dejaban de hablar, y yo accedía por todo lo que ya te he contado), aquellas parejas que podían controlarme y tratarme con rigidez porque sabían que no les llevaría la contraria... Sin embargo, cuando he logrado rodearme de personas afines a mí, que vibran en mi misma sintonía, las conversaciones profundas sobre cómo nos sentimos y qué necesitamos del otro son casi una prioridad. No hay enfado, identificamos incluso cuando nuestro ego sale a decir «¿perdona? ¿Pero qué dice esta? Ni caso, eh, es una exagerada y todo se lo toma mal. Tú no has hecho nada malo» y podemos decirle al otro a dónde nos está llevando esa conversación. Con sinceridad. Eso es lo que te permite el autoconocimiento y el saberte merecedora de todo el amor y la grandeza de este mundo.

No, no soy mala por poner límites.

No soy cruel por decidir priorizarme.

No merezco sentirme mal por parar una situación o relación que no me permita ser yo.

No soy responsable de la reacción de los demás ante mis límites, siempre que los ponga con asertividad y respeto.

Puedo amar y honrar a mi familia aun poniendo distancia y límites si los necesito.

No soy egoísta por hacer las cosas por y para mí, decidiendo poner freno a aquellas cosas que me duelen, aunque los demás no las hagan con mala intención.

Porque, al fin y al cabo, la persona con la que voy a tener que convivir y pasar más tiempo soy yo misma. No puedo poner a los demás en el primer lugar de mi vida si eso va a implicar faltarme el respeto a mí y pasar por encima de mis necesidades.

Mira a los demás con compasión. Hay personas que sencillamente dejan de vibrar en tu misma sintonía y toca separarte de ellas. Trata de hacerlo con verdadero amor y gratitud por el tiempo que han estado en tu vida. Quizá no ha sido una experiencia positiva, pero seguro que te han dejado una enseñanza: cómo ser, cómo no ser, a qué dar espacio en tu vida o a qué no dárselo. Quédate con eso para intentar poner límites desde la verdadera compasión al otro. Pones esos límites por ti, para poder avanzar, perdonando todo lo que haya pasado entre vosotros por no llevar ese lastre en la mochila. Perdonas porque entiendes que, como humanos, somos seres que cometerán errores hasta el fin de los días y cada uno lo hace lo mejor que sabe hoy con las herramientas que tiene, aunque bajo tu criterio esa sea una forma bastante pésima de hacer las cosas.

Observa, perdona, priorízate, avanza. Piérdele el miedo a ser la oveja negra que va en contra del rebaño. Tienes derecho a pensar diferente, a actuar diferente, a ser diferente.

En este punto te propongo escribir tres límites que te gustaría poner en tu vida y que te hayan venido a la cabeza a lo largo de este capítulo. Vamos a escribirlos para hacer real la necesidad de ponerlos, para tomar conciencia y compromiso de que son límites necesarios para ti. Una vez escritos, puedes decidir si estás preparada para marcarlos o todavía no. Lo único importante en este punto es que te des el permiso de escribir que eso para ti es un límite necesario. Pasar a la acción puede tomar más tiempo, pero dar los primeros pasos es importante.

*¡Ey! Y si no puedes hacerlo ahora, dobla la esquina de esta página y vuelve aquí cuando lo necesites y quieras :)

HE CAMBIADO Y ES NORMAL

Cambias porque creces. Cambias porque estás viva. Cuando decides vivir «con todo», sin filtro, a todo gas, cada experiencia que te atraviese y cada vivencia que tengas te permitirá acercarte a una versión más auténtica de ti misma. Cada golpe, cada caída, cada aprendizaje será para ti una casilla más que avanzar en el camino a ti misma. Cuando aceptas el cambio como parte de la vida y te permites «morir y nacer» todos los días, reconoces que no puedes ser la misma persona si cada día te pasan cosas nuevas. Todo eso que te pasa te permite acercarte más a ti misma, conocerte más, escucharte más, poner límites, saber lo que quieres, tomar decisiones por amor a ti. Pensar que tienes que ser de una misma forma hasta el fin de tus días es vivir literalmente a espaldas de tu vida. No puedes frenar el cambio porque nada en esta vida es estanco. Nada. Todo lo que se estanca, muere. Igual que cuando metes una planta en un tiesto demasiado pequeño e intenta abrirse camino como puede. Igual que el agua de un charco que acaba llenándose de suciedad e insectos.

Si vives abierta a lo que la vida te da, aunque a veces no entiendas por qué pasa lo que pasa, te permites ver cada oportunidad de ser flexible como un momento perfecto para tomar decisiones que te acerquen más a ti misma. No te exijas ser siempre la misma versión de ti cuando estás en constante movimiento.

Te cambiaste de colegio.

Se murió tu mascota.

Te dejó tu primer novio.

Sentiste que te rompían el corazón.

Tu mejor amiga se fue a vivir al extranjero.

Tuviste hijos.

Sufriste un aborto.

Murió un pariente cercano.

Te mudaste.

Te echaron del trabajo.

Te enamoraste.

Discutiste.

Lloraste.

Te emocionaste con esa película.

Lloraste al terminar ese libro.

Sentiste un odio y rabia profundos.

¿Pretendes que todo eso no te atraviese?

Todo lo que has vivido ha ido añadiendo una pieza más a quien eres. Todo te ha hecho volver a construirte y, si no fuera así, ¿qué sería de nuestra existencia? ¿Opinar siempre igual? ¿No cambiar nuestro parecer? ¿Tener siempre los mismos gustos?

¿Y cómo crecemos entonces?

¿Cómo nos hacemos mejores personas?

¿Cómo evolucionamos?

Yo no sería la Mara que soy hoy si no me hubiera permitido cambiar. Ha habido muchísimas cosas que me han invitado a cambiar. Situaciones donde la vida parecía que me empujaba a tomar decisiones que creía que eran superarriesgadas y que sabía que iban a implicar grandes cambios. Y las hice. Porque en el fondo de mi corazón sabía que quería hacerlas pese al miedo. Porque si hay miedo, lo hacemos con miedo.

Si no me hubiera abierto al cambio, no habría dejado jamás mi trabajo convencional de 24 horas semanales para dedicarme a la divulgación en redes sociales. No habría dejado mi ciudad natal para irme a vivir con mi pareja a Murcia. No habría dejado mi casa en Murcia para mudarme a Madrid para trabajar como actriz. No habría aceptado un proyecto como *Gordas*, que los primeros meses supuso una inversión de tiempo y dinero para mí por los viajes semanales que tenía que hacer y que, realmente, no sabíamos a dónde llegaría. No me habría atrevido a dejar mi relación de pareja para permitirnos a ambos evolucionar a nuestro ritmo. No me habría ido a vivir sola por el miedo a no poder pagar mi piso. No me habría ido a vivir a las afueras por el miedo a la inversión y a perder mis comodidades.

Y claro que muchos de esos cambios me daban un miedo terrible. Me asustaba perder la comodidad, mi zona de confort, lo que concebía como bueno. En muchos momentos yo ya estaba a gusto tal como estaba y pensaba «vida, ¿por qué me haces decidir esto ahora?». Pero algo en mi corazón me decía «venga, vamos, lánzate».

Has cambiado y es normal. Porque has decidido comprar este libro como un paso para conocerte más y quererte mejor. Porque has empezado un proceso terapéutico con el que ya no sabes hacer oídos sordos ante lo que pasa a tu alrededor. Porque has decidido abrirte a cada experiencia para ser cada día mejor persona. Porque quieres dejar un mundo mejor que el que te encontraste y has entendido que la vida es algo más que un trabajo de 9 a 17 y cocinar bien unas lentejas.

Tienes derecho a cambiar de opinión.

A deconstruirte.

A reeducarte.

A cuestionarte.

A poner límites.

A necesitar separarte de personas y situaciones que no te permiten ser tú.

TIENES DERECHO A TODO ESO Y MÁS.

Porque NADA en esta vida es lineal y porque precisamente «la gracia» de todo esto es aprender de cada situación y trabajar en ser quien queramos ser…, si no ¿pa qué? Dios me libre de ser la misma Mara de hace dos, tres, cinco, diez años…, porque eso significaría que no avancé, y precisamente todo lo vivido ha sido lo que me ha llevado a ser cada día más YO. Así que perdamos el miedo al cambio y soltemos con gratitud todo lo que no pueda acompañarnos en el viaje. Todo suma y aporta el tiempo que tiene que ser.

Exprésate con libertad. Has venido a este mundo a aprender y a crecer con cada pequeña experiencia. Créelo. Siéntelo en lo más profundo de tu corazón. Habrá experiencias que resultarán sumamente dolorosas de las que también saldrás fortalecida. Quizá sentirás que no han tenido ninguna explicación ni te han enseñado nada de la vida, pero te enseñarán algo sobre ti. Sobre tu fuerza, tu resiliencia, tu capacidad de adaptación, el amor que reside en ti e incluso tus debilidades, las cuales debes aprender a proteger.

Tienes derecho a explorar y expandir tu ser todos los días de tu vida. Esa frase horrorosa de «ya no eres la misma» es la mayor bendición que alguien puede decirte. No soy la misma porque crecí, porque decidí estar atenta a las señales, porque decidí escucharme, porque me puse como prioridad de una vez por todas.

VETE DE LOS LUGARES DONDE NO PUEDES SER TÚ

Permite que te lo diga desde ya: hay personas que no han sanado ni están dispuestas a sanar. Puede ser que, precisamente, esas sean las personas de las que necesites alejarte. Porque si llega un día que tú sanas y empiezas a abrir tu mente a una nueva versión de ti, todas las piezas a tu alrededor se moverán. Todas. Las conversaciones, las aficiones, los gustos, la forma de pensar, el ritmo de vida… Todo tomará otro rumbo y habrá personas que sencillamente dejarán de encajar con esa versión de ti que eres hoy.

Como decía en el capítulo anterior, entender los cambios que suceden en nuestra vida y vivirlos con apertura mental es la única forma de que no nos frustre que las cosas de nuestro alrededor sean distintas a como las imaginamos o como queríamos que fueran. Y con las relaciones igual. Se llama ACEPTACIÓN. Toca aceptar que, cuando sanas y evolucionas, dejas atrás a personas con las que no puedes mostrar esa nueva versión de ti o con las que, sencillamente, ya no encajas. También sanar y evolucionar te permite darte cuenta de las cosas que estabas aceptando solo por creer que no merecías algo mejor o que no eras suficiente. Cuando te valoras y te quieres, sabes que podrías estar sola, pero compartes tu amor con otros. Sabes que eres suficiente sola y no dependes de nadie para tu felicidad.

Sé que es una preocupación extendida la de «¿cómo me voy a ir de su lado?», «no sé alejarme», «me cuesta poner límites»… Y creo que lo más importante aquí es volver a hacerte esa pregunta de ¿hasta cuándo? Hasta cuándo vas a seguir posponiendo tus necesidades para cumplir las de los demás. Hasta cuándo te vas a seguir sintiendo la menor de las prioridades.

Tienes que elegir personas a tu alrededor que vibren en tu misma sintonía y con las que puedas ser tú misma sin peros. Personas con las que no necesites aparentar ni tengas que impostar una versión de ti que realmente no existe. Personas con las que puedas desahogarte cuando tengas un día de mierda y con las que puedas reírte a carcajadas ante cualquier chorrada un lunes por la noche. Un entorno seguro, que te apoye y te ame tal cual eres, puede resultar un impulso brutal en tu propia sanación y evolución. Esa gente existe y te mereces rodearte de ella.

Deja de intentar complacer a todo el mundo, de querer encajar en moldes donde no cabes y ya. La opinión de los demás no te define. Tu valía y tu potencial residen en lo más profundo de ti, no en la opinión que los demás tienen sobre quién eres. Lo que los demás opinan de ti viene determinado por sus propias experiencias contigo. Te valoran según lo vivido a tu lado y lo que han podido ver, *grosso modo*, de ti, sumado y fuertemente influenciado por su propia experiencia de vida. Por eso hay personas que me consideran maravillosa y otras que me detestan. ¿Quién tiene razón de las dos? Las dos, seguramente las dos. Siempre vas a ser la villana en la historia de alguien, y es normal. Entiendo que te frustre, pero de verdad que tu vida no puede depender de eso. Tú tienes que saber mejor que nadie quién eres, cuáles son tus defectos y tus virtudes, tus luces y tus sombras, porque entonces nada de lo que los demás puedan decir sobre ti tendrá ese valor que quizá hoy le das.

Mira, a mí hace años la opinión que los demás tuvieran de mí me afectaba muchísimo. Quería caerle bien a todo el mundo porque la idea de ser rechaza me aterraba, dado todo el bullying que sufrí de pequeña y toda la sensación de no ser suficiente que fui aprendiendo. Hace poco, la vida me regaló uno de esos momentos que me permitieron confirmar cómo eso ha cambiado, y ahora soy mucho más libre de la opinión de los demás. Por supuesto, para empezar, trabajar en redes sociales me ha permitido hacer ese cambio. Hace no mucho leía un comentario de una persona que decía: «La seguí durante un tiempo y dejé de seguirla porque era muy negativa y tóxica». Me metí en su perfil, miré los mensajes que habíamos intercambiado y era ella la que contestaba a todos mis stories con perspectivas muy negativas. Esto se llama proyección y es un mecanismo de defensa que se activa cuando vemos en el otro lo que no nos gusta o no aceptamos de nosotros, llevándonos a señalar o criticar en el otro actitudes que no permitimos en nosotros mismos, como en este caso ser positiva, alegre, tener una energía diferente...

En ese momento pensé en los cientos de mensajes que recibo a diario de personas que me agradecen mi positivismo ante la vida, mi manera de divulgar desde un lugar amoroso y compasivo, y pensé «todas tienen razón», porque una percibe lo que es. Nuestras miradas eligen recibir aquello que resuena con nosotras. Y si yo tiendo a ser negativa, pondré mucha más atención en todo aquello que se parezca a mi negatividad. Y al contrario también.

No necesito que esa persona opine que soy una buena persona porque sé que lo soy, pero entiendo que, por sus vivencias conmigo, su percepción sea otra. Y ya está. Acepto que no puedo caerle bien a todo el mundo, ni todo el mundo puede quererme, ni voy a parecerle buena persona a todo el globo terráqueo. Y es que, de verdad, no lo necesito. No lo necesito por lo que te comentaba antes: porque me conozco mejor que nadie, y como dije en un vídeo reciente de mi Instagram, «nadie conoce mejor a Mara Jiménez que Mara Jiménez», y eso implica que tu opinión sobre mí es sencillamente eso; tu opinión sobre mí.

Claro que hay momentos, sobre todo me pasa en redes sociales, que molesta que alguien diga mentiras sobre ti y que eso pueda hacer pensar a otras personas algo que sabes que no es verdad. Con el tiempo he aprendido que, quien realmente quiere conocerte y ver tu esencia, lo hace pese a todos los comentarios que pueda recibir. Quédate con esas personas siempre. Recuerda que no tienes que demostrarle a nadie que eres válida o merecedora de amor, respeto o comprensión. Eres la única persona que puede darte el visto bueno Y PUNTO. No permitas lugares ni personas que te hagan dudar de ti.

POR QUERER VALER,
TE OLVIDAS DE SER

Muchas veces me preguntáis por el tema de la procrastinación y la productividad. AY, AMIGA. Menudo temazo. Mis amigos se parten de risa cuando les digo que literalmente en mi agenda me apunto hasta las pausas para levantarme de la silla del escritorio. Eze, mi amigo y también ilustrador de este libro, me decía «venga ya, no me lo creo, tía, es imposible que te tengas que recordar hasta parar para comer»… *Sujétame el cubata.*

Muchas veces oí a mi familia decir que la vida era muy sacrificada, que había que trabajar muy duro para conseguir las cosas (aunque la verdad, ahora que soy autónoma, razón no les faltaba). Vi a mis padres volver a casa tras jornadas de 10, 11 y 12 horas de trabajo, con el cansancio en cada parte de su cuerpo, pero todavía con ánimo de poner la tele un rato y verla juntos o pedir una cena rica y así no cocinar. Es verdad eso que dicen de que *todo se pega, menos la hermosura,* porque parece que hoy soy incapaz de sentirme una persona útil si mi jornada de trabajo no supera las horas que tiene el día. No, de verdad, siento que he cogido esa energía de trabajar como una burra para sentir que así sí me merezco las cosas buenas que me pasan. Y eso es una jodienda…, mejor no te cuento a qué nivel. Bueno, qué digo, si seguro que muchas ya me entendéis.

Antes de trabajar en redes sociales he trabajado en un popurrí de cosas bastante interesante: camarera, dependienta, niñera, animadora turística, profesora de inglés, profesora de danza…

Y en esos momentos ya me apretaba lo de trabajar duro, pero nunca tanto como cuando empecé a dedicarme a las redes. Eso ya ha sido otro nivel. En cuanto me hice autónoma, pagué la primera trimestral, me busqué un gestor y me di cuenta de que ya nadie me iba a dar los cinco euritos cuando fuera mi santo, una sensación de haberme hecho adulta de la noche a la mañana invadió todo mi cuerpo. Además, me persigue una sensación como de «por si mañana este sueño se acaba» que me hace trabajar tan duro como puedo para un día poder contarles a mis nietos (si es que me queda tiempo y ánimo para gestar a un ser humano, educarlo para ser una persona con dos dedos de frente y que a su vez este ser humano decida tener otro ser humano en este mundo cada día más extraño) que su yayi hizo cosas chulísimas de joven.

Pues eso, que te entiendo en esta movida de la productividad como norma principal y el miedo a procrastinar y dejar de ser una persona válida. Pero eso no es otra cosa que una farsa más de esta sociedad de la meritocracia en la que vivimos. Esta sociedad de la inmediatez, en la que literalmente cualquier información está a golpe de clic, en la que todo es para ayer y un vídeo que dure más de un minuto nos parece una eternidad. Es esta sociedad la que te dice «ey, cuanto más produzcas, más rica me hago yo, así que te haré creer que eso te produce una satisfacción de la leche para que sigas haciéndolo aunque te pierdas a ti misma por el camino».

Una vez, Elena, una compañera de teatro, me dedicó un pósit que todavía conservo con la frase «Por querer valer, te olvidas de ser», de Alejandro Jodorowsky, que me caló hondo entonces y hoy aún lo hace. *Por querer valer, te olvidas de ser.* Cuántas veces has pensado que tienes que gustar a los demás, que tienes que trabajar más duro, que tienes que entregar el mejor proyecto, que tienes que caerle bien a toda la gente de la oficina, que tienes que tener un cuerpo determinado y una vida perfecta para ser quien se lleve la medalla al mejor ser humano.

Oye, mira, que he decidido que prefiero ser una ciudadana mediocre, pero vivir, ¿vale? Hay que desentrenar poco a poco todas esas ideas de unir productividad a felicidad. No es fácil, la verdad que no, pero procedo a compartir contigo cosillas que a mí me han funcionado y me funcionan en este regreso a mi ser después del secuestro de la productividad.

Lo primero, la autocompasión. No me trato de esta forma porque sí, todo tiene una razón que muy probablemente está en mi pasado. Por lo tanto, si hoy soy consciente de que ya no quiero que esto me acompañe, ya estoy haciendo el mayor gesto de generosidad hacia mí al darme cuenta de lo que no funciona y decidir ponerle remedio. Así que si me hago daño al sobrecargarme de trabajo y encima me hago daño al darme cuenta de que me estoy haciendo daño porque *ya te vale, tía, cómo te tratas, debería darte vergüenza,* pues, mi amor, no vamos bien. Así que lo primero: lo estás haciendo lo mejor que sabes y está bien.

Una vez sumergidas en los intentos de autocompasión, procedo a contarte algo que de verdad me da hasta risa hacer porque me hace consciente de la paradoja de querer soltar la productividad y el control, siendo productiva y controladora hasta para descansar, PERO creo que, si llevas años siendo muy exigente, hasta para dejar de serlo tienes que ir progresivamente o sale *regu.* A mí me cuesta coger pausas porque siento que pierdo tiempo de ser productiva, entonces como me encanta apuntarlo todo en la agenda, aprovecho y apunto las pausas que me voy a tomar y los momentos de descanso o autocuidado, además de las tareas, de una forma lo más amorosa posible.

Y no, no es broma que anote así las cosas en mi agenda. Prometido. ¿Para qué me sirve esto? Para tomar el hábito de descansar y que mi cerebro se dé cuenta de lo bien que le sienta a nuestro cuerpito el parar de vez en cuando, salir a pasear, tomar una caña con amigos, desconectar en la naturaleza un par de días, ir a darnos un masaje, hacernos la pedicura, bailar, poner música… Los hábitos se consiguen por repetición, así que si hoy todavía te cuesta que salga de forma natural, puedes programarlo en la agenda como una tarea más. Lo cierto es que poco a poco empieza a salir automático el organizar el día de forma que queden ratitos libres, de verdad. Pero la mente necesita entender que descansar también es seguro y está bien.

Otra cosa que me funciona mucho y que me recomendó mi psicóloga fue elegir las cinco tareas diarias que realmente son urgentes. Porque otro temazo es aprender a diferenciar lo que es importante y lo que es urgente. *Ah, no, es que para mí todo es urgente.* Ya, te entiendo. A mí también me cuesta decidir porque todo me parece de vida o muerte, pero lo cierto es que, aunque puede que sí haya días en los que tengas que hacer más de cinco cosas urgentes, muuuchas otras pueden esperar uno o dos días y no pasa nada. Así que, de todo eso que según mi doña Rogelia (mi parte autoexigente) *hay que hacer*, toca elegir solo cinco cosas que sean las urgentes. Y esas son las que se van a llevar toda la prioridad. Si después de esas cinco sobra tiempo, se reparte en alguna otra que sea importante y en las MÁS importantes, que son las que respectan al autocuidado: un ratito para leer, un baño, un paseo, una charla de amigas… Lo que elijas.

Así pues, hemos sido compasivas, hemos programado nuestros ratitos libres, hemos elegido las cinco tareas prioritarias del día, hemos repartido el tiempo lo mejor posible para llegar a lo necesario y también descansar... Y, ahora..., ¿cómo te dices lo que tienes que hacer? Esto puede parecerte una tontería, pero para mí ha sido una cosa supermínima que ha marcado bastante la diferencia. Antes apuntaba las tareas como «trabajo universidad», «grabar vídeo x», «contestar mails»... y, a veces, de verdad que mirar la agenda me despertaba una ansiedad que no veas. En una época de mucho trabajo, mucho cansancio y mucho agobio, probé a decirme las cosas que tenía que hacer con algo más de mimo. Total, no tenía que decírmelas como tal, sino apuntarlas en una agenda que solo veo yo. Así que empecé a escribir cosas tipo «si te da tiempo, ponte a escribir el nuevo libro, porfi ♥» (sí, corazoncito incluido) o «trabajo de la UOC. Vamos, dale caña ♥». ¿Ñoño? ¿Ridículo? Pues puede ser. Pero forma parte de todo el proceso de hablarme con el cariño que en realidad merezco. Ya he probado a ser autoritaria conmigo, a tratarme con una rigidez absolutamente insoportable..., así que lanzo la pregunta del millón aplicable a todo: ¿qué pasaría si lo pruebo de otra forma? No es lo mismo leer diecisiete órdenes de cosas que hay que hacer desde un lugar de «como no lo hagas, verás» que leer un mensaje compasivo y cariñoso hacia alguien que lo está haciendo lo mejor que puede hoy y que resulta que eres TÚ.

Pues eso, esto es todo lo que puedo decirte de la productividad. Que está absolutamente sobrevalorada. Que la vida es más bonita paseando de vez en cuando por la naturaleza y el silencio, que el día de mañana nadie dirá tampoco en nuestro funeral «qué bien organizaba su agenda» o «qué tía, que hacía 25 millones de cosas en un día», así que **VIVAMOS**, por Dios, en mayúscula y negrita, porque hacer cosas es guay, sentirte satisfecha con tu trabajo es una maravilla, saber que eres capaz de crear cosas te hace sentirte genial, pero pongámosle cabeza… y amor. No pasa nada si hoy no eres productiva. Descansa, existe, que ya es mucho.

COMPARACIONES

Gran temazo el de compararnos siempre con el de al lado. Las redes sociales han activado todavía más esta tendencia tan humana de pensar que el resto tiene todo lo mejor y que mi vida es un desastre porque no se parece a la de Fulanita.

Hace poco, en terapia, trabajé una de las cosas más bonitas que he trabajado hasta el momento y que nos sirve tanto para nuestro autoconocimiento y autocompasión, como para rebajar la intensidad de nuestras comparaciones (Gracias, Ana León, @analeonpsicologa, por este ejercicio):

A lo mejor te pasa, a mí por lo menos sí, que te cuesta definirte. Cuesta encontrar tres palabras positivas que te definan, crees que es osado decir cosas buenas sobre ti o sencillamente no las sabes encontrar. Tranquila, que te entiendo. Te invito a que ahora pienses en cinco valores que para ti son fundamentales en otras personas para que formen parte de tu vida. Te digo los míos:

Lealtad

Honestidad   **Pasión**

Bondad

Gratitud

Bien, ahora tú elige los tuyos. Tómate unos minutos para pensarlas o incluso aprovecha este hueco que te dejo para anotarlos, si te apetece.

Bien, ¿los tienes?

Ahora quiero que pienses, con total honestidad, si alguno de esos cinco valores que para ti son fundamentales en las personas de las que te rodean también reside en ti. Llevándolo a mis ejemplos, si la lealtad, la honestidad, la pasión, la bondad o la gratitud residen de alguna forma en mi persona. Cuando hice este ejercicio en terapia contesté que, en mi opinión, los cinco eran valores que residían en mí. Ahí tienes tu definición de ti misma.

Ana dijo una frase que me retumba desde entonces en el corazón:

«Lo que valoras en los demás está en ti».

Así que hoy te invito a hacer también este ejercicio para darte cuenta de que todo eso que valoras en los demás, y que crees que tú no tienes porque eres inferior a ellos, ya está en ti. Incluso me gusta pensar que nuestra mente o nuestra alma nos hacen fijarnos en esas cualidades para decirnos «ey, despierta, nosotras también la tenemos, explórala, búscala, poténciala, ¡queremos que salga!». Como si de alguna forma nos hiciera consciente de que esa cualidad existe para que la buscáramos en nosotras mismas en vez de envidiarla en el resto como si fuera un imposible.

Cada vez que te comparas con otra persona o que envidias lo que otros tienen pensando que es imposible que eso esté en ti, acuérdate de este ejercicio. A ver, también seamos un poco realistas, porque muchas veces nos comparamos con personas millonarias que tienen un casoplón y que trabajan en algo absolutamente opuesto a lo que hacemos nosotras. Ahí, en esos casos, intenta tocar con los pies en el suelo y calmar a tu mente haciéndote consciente de que cada situación es un mundo. Habría que ver de qué contexto parte esa persona, cómo ha sido su vida, qué ha hecho para llegar hasta ahí, cómo lo ha conseguido... Quiero decir, que a veces las comparaciones que hace nuestra mente son un poco... estrambóticas.

Luego está el *temita* de las redes sociales. Mira, no sabes la de veces que he recibido mensajes de «qué feliz te veo», cuando en realidad estaba hecha una mierda, hablando mal y pronto. Eso me hizo pensar en la falsa realidad que proyectamos en redes y cómo idealizamos los cinco minutos que vemos de la vida de una persona en los cuatro stories diarios que puede subir. No, mi vida no es perfecta, y afortunadamente me considero una creadora de contenido que cada vez se hace más consciente de eso y trata de aportarle a la gente una realidad mayor del día a día. Lloro, me enfado, la cago, me caigo, me río, me levanto, me enamoro... Soy un ser humano normal y corriente, solo que trabajo en algo mucho más público que otras personas. Pero si algo quiero pedirte es que no idealices ni mi vida, ni la de nadie que veas en redes sociales. En redes nos gusta mostrar la cara buena de las cosas porque es un lugar en el que podemos recibir muchísimo *feedback* de otras personas: «Qué bien te queda ese vestido», «Estás guapísima», «Qué maravilla de vacaciones»... y nuestro ego dando palmas, claro está. Es mucho más difícil mostrar lo malo, lo feo, lo angustioso, ponerte frente a una cámara cuando estás hecha polvo o grabarte llorando, que aparecer feliz, sonriente, radiante y compartir lo maravillosamente bien que te sientes. Aquí entra cómo cada uno quiere relacionarse con las redes sociales y qué papel quiere tener en ellas.

Hablando de los cuerpos, un tema en el que nos comparamos muchísimo, tenemos que hacer el ejercicio de echar la vista atrás y darnos cuenta de que a lo largo del último siglo, en cada década, han cambiado los tipos de cuerpo que se consideraban bellos y deseables. En función de la moda y de toda la cultura alrededor de ella: estética, ropa, peluquería, maquillaje..., se fue determinando cómo era la mujer perfecta ¡¡¡cada diez años!!! Pasando de la delgadez extrema a las curvas, luego a la delgadez de nuevo, luego a un look menos femenino, después curvas otra vez...

Entonces, si hacemos este breve repaso al pasado y nos damos cuenta de que «el cuerpo perfecto» se ha ido modificando cada diez años, sin ton ni son, debemos ser conscientes de que nuestros cuerpos nunca han sido el problema. Que tu cuerpo sea distinto al que se supone que es perfecto ¡¡¡es normal!!! ¿Cómo ibas a atinar si cada diez años lo cambian? La definición de cuerpo perfecto se ha hecho al gusto de una industria que se lucra de nuestros complejos, y ser conscientes de esto es el primer paso para dejar de pensar que nuestro cuerpo no es suficiente y que vivimos una vida de prestado hasta que nuestro cuerpo cambie.

La diversidad corporal existe y esto es una realidad que debemos aceptar si queremos reconciliarnos con nuestros cuerpos. Tu cuerpo tiene el tamaño y forma que tiene hoy por muchísimos motivos que tienen que ver con la genética, el metabolismo, el contexto en el que vives… Y así está bien. Compararte con el cuerpo de otra persona radicalmente diferente a ti es rechazar la historia que tu propio cuerpo lleva escrito en él y no te mereces eso.

Volviendo a las redes sociales, recuerda siempre por favor que lo que ves es una parcela mínima de nuestras vidas. Hay veces que grabamos vídeos y los subimos a las horas, no en el momento real, mientras estamos en pijama y con un moño despeinado en el sofá de nuestra casa. A veces subimos contenido de un día que fuimos felices mientras tenemos un día de mierda. A veces hay personas que retocan sus fotos para modificar su cuerpo, la mayoría usamos algunas veces filtros que pueden modificar la realidad… Por favor, por favor, por favor, deja de pensar que mi vida es perfecta por lo que te muestra una pantalla. Mi vida es maravillosa por muchas cosas, pero tiene matices como las de todas. Nunca lo olvides.

Sé compasiva contigo cuando empieces a compararte con lo que ves a través de la pantalla o cuando te compares con otra persona. Nuestra voz crítica es muy fuerte y es la que nos hace pensar que los demás lo hacen todo bien y nosotras fatal, sin término medio. Esto nos hace sentir mucha vergüenza hacia nosotras mismas porque no nos permitimos darnos cuenta de que ni la otra persona es perfecta, ni nosotras estamos en el polo opuesto de ser un absoluto desastre. Hay grises, no todo es blanco o negro. Puede que no seas tan buena como esa persona en algunas cosas, pero seguro que destacas en muchas otras que quizá esa persona no tiene. Somos imperfectas, y debemos permitirnos serlo, porque la perfección no existe, ni siquiera en esas personas que hoy idealizas.

No necesitas ser otra persona. Eres maravillosa tal cual eres. Todo eso que admiras del otro ya está en ti.

NUEVOS REFERENTES

Solo va a haber un plan *detox* que te voy a recomendar: el de personas de tu entorno, y eso engloba también las redes sociales. De vez en cuando tenemos que tomar conciencia de las personas que alimentan nuestra mente. Se dice que somos el resultado de las cinco personas que más cerca tenemos; también es una buena reflexión para hacer y darnos cuenta de si las personas que nos rodean van realmente en sintonía con nosotras, como ya hemos hablado antes.

Cuando hablamos de referentes, parece muchas veces que hablemos de personas famosas o muy alejadas de nosotras. Hace poco me preguntaron en una entrevista cuáles eran mis referentes y sonreí al darme cuenta de que mis mayores referentes son mi círculo más cercano. Esas personas que están conmigo en el día a día y que me inspiran a ser mejor persona, que me aman como soy, a las que admiro y adoro ver brillar… Claro, también admiro a Nathy Peluso, pero a veces es bonito bajar a tierra a esos referentes para darnos cuenta de que los tenemos mucho más cerca de lo que pensamos. Cuando hablamos de referentes, hablamos de esas personas que nos inspiran a ser mejores cada día, que nos impulsan con su energía, con las que todo el tiempo invertido merece la pena. Son personas que te nutren, que con sus palabras te abrazan, que cuando las tienes cerca te sientes en casa, con esa sensación de cobijo.

Quizá hoy es un buen día para preguntarte ¿de quién te estás nutriendo? Ya no solo en tu entorno, que por supuesto te invito siempre a analizar, sino en el lugar donde pasamos tantas horas viendo un escaparate ideal: las redes sociales. Espero haberte podido dejar clara la gran ilusión que son las redes sociales en cuanto a la verdad, porque quince segundos de stories no pueden resumir veinticuatro horas que tiene el día. De esta forma, tómate un momento para revisar qué cuentas sigues y qué te aporta cada una de ellas: entretenimiento, diversión, aprendizaje, distracción...

En mi propia experiencia, un día me di cuenta de que seguía a las cuentas que sentía que «debía» seguir (las *influencers* famosas, las cuentas más grandes de Instagram...), pero precisamente eran cuentas que no solo no me aportaban nada, sino que me activaban muchísimo la comparación y el malestar. Eran personas que, con su forma de comunicarse o el contenido que mostraban, activaban en mí la sensación de no ser suficiente, me hacían sentir culpable por ser como era (por mi cuerpo, mis relaciones, mi casa, mi entorno...) y solo despertaban en mí una rabia increíble hacia ellas, esa envidia que a veces decimos que es «sana» pero que nunca lo es.

Dejar de seguir a ciertas personas no hace que se acabe el mundo. No es un drama ni algo por lo que sentirte mal. Las redes sociales son un medio más en el que nos relacionamos, y tenemos que buscar aquello que sea más útil y agradable para nosotras. Las redes deberían ser un espacio donde disfrutar viendo un contenido valioso, que nos conecte con el mundo y con las cosas que nos gustan. No pueden convertirse en un foco de comparación y malestar solo porque idealicemos lo que vemos en esa pantalla o porque sintamos que lo del resto es mejor que lo nuestro.

Toda aquella información que le damos a nuestro cerebro es la que lo nutre. Así que hoy te invito a que te preguntes activamente ¿de qué te estás nutriendo? Para que encuentres aquella información, aquellas personas, aquellos libros, los pódcast, perfiles de redes… que pueden no estar haciéndote bien y que necesitas cambiar por unos mejores para ti.

En cuanto a las relaciones personales, me voy a repetir en lo que ya vengo diciendo: busca aquellas personas que alimenten tu alma, que te impulsen a ser mejor todos los días. Aquellas que se alegren de tus éxitos y que te sostengan en cada caída. Aquellas con quien puedas ser tú y admires su ser. Y, sobre todo, aquellas con las que puedas cambiar el dicho de «quien bien te quiere, te hará llorar» por «quien bien te quiere, te hará brillar».

EL PUENTE DEL MIEDO

DEJA DE SERTE INFIEL

Entendamos serte infiel de la forma más literal posible: dejar de ser fiel a ti misma. Fiel a tus valores, a tus deseos, a tus necesidades, a lo que amas y lo que eres. Es un término que me gusta utilizar porque siempre lo utilizamos para los demás, sobre todo en las relaciones románticas, pero ¿qué hay de no ser fieles a nuestra esencia? ¿A nuestro ser más puro?

Ser fiel a una misma no es fácil en una sociedad que no nos prepara para escucharnos y conocernos más que a nadie en este mundo. Pasamos por la vida de puntillas, intentando activar todo el ruido posible a nuestro alrededor para no tener que escucharnos en el silencio. Una frase del musical *Like*, que he tenido el grandísimo lujo de interpretar, decía: «Aún recuerdo el mundo de pequeño cuando no importaba, imagínate cuando no te hacía ruido tu silencio». ¿No te parece una metáfora preciosa?

Durante mucho tiempo no nos hace ruido el silencio ni el tiempo con nosotras mismas. De pequeñas disfrutamos jugando solas e imaginando mundos ficticios. Luego sentimos esa necesidad de encajar propia de la adolescencia y empezamos a empaparnos de todos los mensajes de la sociedad sobre cómo deberíamos ser, hasta tal punto que nos inundan y nos perdemos por el camino. Ahora, de adultas, parece que hacerte preguntas trascendentales o que tengan que ver con tu esencia y tu ser es una cosa de hippies, de seres espirituales cuyos pies no tocan el suelo. Hemos olvidado por completo el amor que somos, la luz que reside en nuestro interior, nuestro propósito de amar y ser mejores personas, cuáles son nuestros valores princi-pales, qué nos mueve, qué hace vibrar nuestra alma... Eso es sernos infieles.

Muchas veces confundimos amor propio y valorar nuestras cualidades con ser unas creídas, y no es así. Debemos ser cons-cientes de que hay cosas buenas en nosotras, porque sí, las hay, y reconocerlo no nos convierte en seres vanidosos. Reconocer nuestras fortalezas, saber que tenemos muchas cosas buenas que aportar al resto, nos conecta con la aceptación, el amor propio y la gratitud hacia quienes somos. Cuando no nos comparamos con el resto porque sabemos que cada persona tiene sus propias fortalezas, estamos avanzando a pasos agigantados hasta la aceptación de quienes somos. Ya no necesito ser como la perso-na que tengo al lado porque reconozco y valoro sus cualidades y abrazo las mías, que pueden ser diferentes, y de las que ambos podemos nutrirnos. Tus cualidades pueden nutrir e inspirar a la gente que tienes alrededor.

Hace poco una chica, después de una de mis funciones en el teatro, me dijo: «Tu capacidad de comunicar y tu forma de ex-presarte nos enseña al resto que también podemos hacerlo». Dime si hay algo más bonito que poder inspirar a alguien a que reconozca su ser en todo su esplendor. Tú también puedes hacer eso, no necesitas ni miles de seguidores en redes sociales, ni ser millonaria, ni tener un cuerpo diferente. Hoy YA ERES. Y tu existencia puede inspirar en grandes formas al resto. Eres un ser humano con partes de ti misma que son increíbles. Seguramen-te otras no tanto, en mi caso por ejemplo soy buenísima en lo que se refiere a la comunicación, pero pésima en trabajos que tengan que ver con la expresión artística tipo dibujo, pintura, manualidades... Pero admiro profundamente a quien sí sabe hacerlo y me permite disfrutar de su arte. No puedo ser perfecta ni tengo que aspirar a serlo porque ya tengo muchas cosas buenas en mí, ya soy un todo, no me falta ninguna pieza para completarme.

Siéntete orgullosa de ser quien eres y de todo lo que has caminado para llegar hasta aquí.

Haz el ejercicio de observar y validar todas las cualidades que ya hay en ti. Esas que te han ayudado a superar los momentos difíciles, que han hecho que alguien te diga «gracias por esto», esas que han contribuido a hacer este mundo un poquito mejor. Los grandes cambios son un conjunto de muchos cambios pequeños, estoy más que convencida de eso. Pon tu mano en el corazón ahora, respira hondo y visualízate en esos momentos que pensabas que no saldrías adelante. ¿Qué parte de ti te ayudó a hacerlo? ¿A resolver ese conflicto o a poder seguir avanzando?

Si te cuesta este ejercicio o te genera resistencia dedicarte un momento de gratitud y reconocimiento, tranquila, te entiendo y es normal. Llevas probablemente mucho tiempo tratándote de una forma completamente distinta y tu mente no comprende que ahora puedas ser amable contigo. Pero yo sé que puedes. Porque ese amor hacia ti misma, esa compasión y ese cariño están en ti desde el principio. Solo necesitamos ir sacando capas. Haz espacio para todo eso que sientes y permítete con cariño y compasión reconocer que no necesitas compararte con nadie porque ya eres una persona talentosa e increíble.

Elige una cualidad de las que hayan aparecido. La que más te guste o creas que más predomina en ti. Reconócela en tu alma, admírate por tenerla y que forme parte de tu vida. Celebra todo lo bueno que eres porque YA LO ERES. No dejes que esa voz crítica, tu doña Rogelia, o ese miedo a querer encajar y ser como los demás dicen que debes ser te domine. YA ERES. YA EXISTES. ERES UN TODO.

Lee esto atentamente:

Siempre vas a ser imperfecta.
Siempre vas a ser imperfecta.
Siempre vas a ser imperfecta.

Tienes cualidades que te hacen ser quien eres a pesar de ser imperfecta.
Tienes cualidades que te hacen ser quien eres a pesar de ser imperfecta.
Tienes cualidades que te hacen ser quien eres a pesar de ser imperfecta.

Puedes ser buena persona e imperfecta.
Puedes ser generosa e imperfecta.
Puedes ser resiliente e imperfecta.

La bondad que le regalas al resto está en ti y para ti. Permítete ser bondadosa contigo hoy, ahora, en este instante. Dedícate un minuto para aplicar la bondad con la que tratas al resto a tu ser. Y si tampoco con los demás te nace esa bondad, dedica este momento para escuchar por qué no puede salir, qué la tapa.

Toma siempre las decisiones que tengas que tomar para acercarte a ti, no para satisfacer al resto.

COSAS DE LAS QUE DESHACERTE PARA SER MÁS FELIZ:

1 Intentar complacer a todo el mundo
(Spoiler: nunca lo conseguirás del todo)

2 Deja de temerle al cambio; la vida es un cambio en sí misma

3 No te ancles al pasado.
Pasado Pisado

4 Trata de no darle tantas vueltas a todo y preocuparte en exceso

5 Dudar de ti misma y achicarte

CONFÍA EN TU INSTINTO
Y TU INTUICIÓN

A veces pasa algo. Tú sientes una punzadita en el estómago. Un escalofrío te recorre la espalda, incluso. Oyes como una especie de versión mini de ti misma te grita en la parte interna del oído: *PSSST, ESCÚCHAME, ESTO QUE ESTÁ PASANDO ME HUE-LE A CHAMUSQUINA...* No quieres hacerle mucho caso porque ¿qué razón puede tener una vocecilla interna que no sabes ni de dónde viene? Así que tomas una decisión sin hacerle mucho caso, pero haberla obviado te pesa..., te hace rumiar..., no estás del todo convencida. No te hablo de eso que llaman profecía autocumplida, que explica que de tanto pensar que algo va a pasar, acaba sucediendo y toca pronunciar el famoso «te lo dije». No, sino de esa sensación de que tú sabes, en lo más profundo de ti, qué decisión tomar, pero por presiones externas decides optar por otro rumbo que no es el que te convencía. Mira, te pongo un ejemplo (¡anééécdota, anééécdota!):

Hace un tiempo me seleccionaron para un proyecto como actriz de esos que cualquiera diría «no puedo rechazarlo». Pero real real real que a cualquier actor o actriz que le preguntaras probablemente diría que jamás habría rechazado tal cosa. En el momento que llegó la propuesta me hizo muchísima ilusión, lógicamente, pero algo dentro de mí me hacía sentir que no lo tenía claro. Quería asegurarme de cuál era mi papel y mi mensaje (ya sabéis cómo está el temita con la gordofobia en la cultura), tenía que reestructurar literalmente toda mi vida... Y os juro que mi voz interna me gritaba «tía, no quiero renunciar a todo esto que ya he construido. Todo va muy rápido. Asegúrate bien de todo. Espera, ten en cuenta a quién dejas tirado al aceptar esto. Acabas de empezar con la psicóloga y la psiquiatra por un motivo. Querías descansar y necesitas descansar. Mira a ver, asegúrate, porfa…». Bueno, pues lo primero que hice fue marcarme una buena crisis de ansiedad cuando quise organizar un año de trabajo (sí, un año o más duraba el proyecto) antes de saber ningún detalle del mismo: tendría que cancelar todas las charlas, dejar el FP de Integración Social que estoy terminando, anular funciones de *Gordas* o vivir en un autobús nocturno para viajar de arriba abajo y llegar a todo… Mi cuerpo me decía «no, tía, no, o sea, por favor, para. No puedes volver a someterme a un periodo de cansancio de ese nivel. No es lo que quieres y lo sabes». Literalmente una semana antes había pedido cita con la psiquiatra por una fase de depresión horrible a la que, en gran parte, me habían llevado unos meses frenéticos de tapar con trabajo todo lo que emocionalmente no quería destapar.

Pues eso, *a priori* yo diciendo «bueno, lo muevo todo para que no me digan que no porque, claro, si les digo que estos días no puedo, me van a echar antes de empezar». Su buena ansiedad, sus buenos miedos… Y esa voz interna sin parar de empujarme a escucharla. La sensación era un comecome que no me dejaba tranquila. Estaba llevando a mi ser hacia algo que realmente no quería porque sabía que implicaba muchas cosas a las que mi alma, literalmente, no quería renunciar. Así que decidí ser honesta con el equipo y anteponer mis compromisos ya establecidos antes de firmar ningún contrato o de saber más. Sabía que esa decisión podría tener consecuencias, pero tenía que asumirlas. El proyecto cayó porque no se pudieron adaptar a mi agenda, lógicamente, y poco a poco empezaron a aparecer otras oportunidades con las que también llevaba tiempo soñando y que cuadraban de una forma mucho más orgánica con mi ritmo de vida. Así, sí. Todo a su tiempo. *Lo que es pa ti ni aunque te quites, lo que no es pa ti ni aunque te pongas.* Y, sobre todo, que las cosas fluyan y sean fáciles para encajar en tu vida. Esto vale para todo en general.

La intuición es un poco tu Yo del futuro. Si pudiera aconsejarte, ¿qué crees que te diría? Para realmente tomar decisiones fieles a lo que sentimos y creemos, es importante observar cómo nos sentimos cuando pensamos en cada opción. Si siento angustia, si siento calma… El cuerpo es tan megasabio que siempre nos va a mandar señales de cómo le vibra lo que estamos pensando. Hagámosle caso de una vez. Cuando tengas que tomar una decisión importante o se avecine un cambio grande en tu vida, vuelve a poner tu mano en el corazón, siente tu latido, tu respiración y pregúntate con verdadera sinceridad «¿qué es lo que quiero?». Porque cuántas veces no te habrá pasado saber realmente lo que quieres pero decidir por presiones que no son tuyas y acabar pensando «¿lo ves?, si es que tendría que haber hecho lo que yo pensé en un primer momento». Ojo, tampoco te fustigues cuando eso pase, que somos muy del autocastigo. Lo hecho, hecho está, pero que cada experiencia así te sirva para darte cuenta de la fuerza que tienes en tu interior.

Algo que me sirve muchísimo a mí es verbalizar en voz alta (si puedes con alguien y si no tú contigo misma, cariño, te lo recomienda alguien que habla mucho sola) los pros y los contras de la situación. Es decir, todo lo que está pasando por mi cabeza: por qué hacer eso, por qué no hacerlo, qué consecuencias puede tener, qué gano y qué pierdo, qué siento, qué emociones se manifiestan con cada opción… Muchas veces, al hacerlo, la respuesta sale literalmente sola. De verdad que te lo recomiendo. Hazte preguntas, disfruta del silencio contigo, observa qué cosas se mueven en tu interior. Confía en todo eso que tienes y en tu sabiduría más profunda.

¿QUIÉN SOY?

Me encantó una charla que tuve con mi coach Marta Salcedo (@iammartasalcedo) en la que yo le preguntaba, durante nuestra sesión, «¿quién soy realmente?», y hablamos largo y tendido sobre esa necesidad que tiene el ser humano de dar respuesta a su existencia. Esa búsqueda de sentido, de propósito, de encontrar qué hemos venido a hacer a este mundo, nos enrosca muchas veces en preguntas que precisamente nos alejan de nuestra existencia más pura. Marta me contaba cómo en el *I Ching*, una sabiduría china, se habla del propósito de nuestra existencia como algo que se mide en calidad y no en cantidad. Te transcribo aquí algunas de las notas que tomé en mi cuaderno de terapia para poder explicarte lo que saqué de esa conversación:

«El propósito es la calidad humana, el que mi cuerpo sea un canal de amor y conciencia». Mi propósito es SER con la mayor calidad posible. Liberarme de mis versiones anteriores, desapegarme de lo que fui y lo que seré. Saber quién soy aquí y ahora, en este momento. Visualizar qué cartas tengo para ser, pensar, hacer… y jugar con ellas. No sé cómo serán mis cartas en el futuro, así que me desapego y me centro en las que tengo hoy y en qué necesito cambiar o crecer para poder usarlas. Cómo puedo centrarme en ser un canal de conciencia y amor. Soy humana, esto es un juego, me desapego del «tengo que» y del «necesito que» porque YA SOY. Mi propósito es desaprender lo que me limita y seguir vibrando en el amor, la paz y la conciencia».

Cuando terminamos esa charla, sentí cómo en mi pecho se liberaba un peso bastante grande. De repente, clic, entendí que no necesitaba buscar más allá de lo que ya estaba en mí en ese momento. ¿Recuerdas el ejercicio que te proponía unos capítulos antes sobre analizar las cualidades que valorabas en los demás para poder ver las cualidades que residen en ti? También es útil para esa difícil pregunta de «¿quién soy?». Yo me sentía bastante frustrada en mi proceso terapéutico al darme cuenta de que llevo tantos años construyendo una versión de mí con base a los intereses del resto, que no sabía si realmente esas cualidades o valores que adoptaba como míos lo eran realmente. Este ejercicio de buscar esos valores que me mueven o que valoro en los demás para darme cuenta de que ya residen en mí me hizo darme cuenta de que no necesito ser nada más que lo que soy hoy y lo que intento ser todos los días. Permitirnos esa idea de morir y nacer todos los días para poder seguir explorando nuestra mejor versión (que ya ves, nada tiene que ver con un cuerpo concreto como nos llevan vendiendo siempre).

Lo he ido repitiendo en varios puntos de este libro: ya eres. Ya soy. Estás aquí, existes, sostienes este libro y lo haces seguramente porque sientes que algo en ti quiere cambiar, mejorar, expandirse. Toma esa como tu verdadera misión en esta vida. Date cuenta de aquellas cosas en las que eres fuerte, buena. Revisa cada uno de tus logros, ponlos sobre papel, hazlos mural en la pared, donde puedas verlos y recordarte que sigues aquí pese a todo. No te despegues de todo eso que eres y que te servirá recordar en los días malos.

Seamos buenas personas, demos amor como nos gusta recibirlo. Amor a nosotras, amor al resto, amor a todo. Procuremos ser bondadosas por amor a nosotras, HAZLO POR AMOR A

TI. Da igual cómo sean o actúen los demás, ¿cómo quieres ser tú? Ten claros tus valores, aquellos que te mantienen firme en quién eres. Cuando actuamos desde nuestros valores, aquellos imprescindibles de los que ya hemos hablado antes, no sentimos frustración en las cosas que hacemos porque sabemos que, aunque nos equivoquemos, estamos siendo fieles a nosotras mismas.

¿Recuerdas cuando unos capítulos atrás nos comparaba con una alcachofa? Vale, acuérdate de cuando te mencionaba ese tierno corazón de la alcachofa como la parte más pura de la misma y, por tanto, de nosotras. Ese corazón tierno, bondadoso, lleno de amor, de luz, es tu esencia. La versión más YO de mí misma. Esa parte de ti que no se juzga, que valora su luz propia, que admira sus talentos y fortalece sus flaquezas, que no se compara con nadie porque sabe que no necesita ser otra persona... Esa parte de ti que se ama tal cual es. Sé que quizá te parece imposible que esa parte exista, pero sí lo hace. Ya está en ti y tu misión en esta vida es acercarte lo máximo posible a ella para ser tu versión más auténtica cada día. Eso no significa que el miedo desaparecerá o que no habrá días malos, ya hemos hablado de eso, pero el amor a ti y a la vida predominará en todos esos momentos. Tampoco vivir en esencia significa que el ego vaya a desaparecer.

El ego es esa parte de ti que sale a defenderte de forma reactiva en muchas situaciones, que te protege del dolor a golpe de «¿pero qué dice esta persona? ¿De qué va? ¿Tú te crees lo que me ha hecho?», y que incluso toma esa posición de superioridad o «chulería» que posiciona tu ser por encima del resto (de hecho, «ego» significa «yo» en latín). El problema del ego, como ya hablábamos con las emociones, no es que exista. El ego también nació en ti para protegerte y actúa de escudo ante distintas situaciones que un día te hirieron. Por ejemplo, yo después de un bullying muy duradero en el tiempo, muchas veces cuando mi mente interpreta algo como un ataque o una crítica hacia mí misma, tengo una reacción reactiva, chulesca, para que la otra persona vea que eso que me está diciendo «no me afecta» y yo estoy «por encima» de ese comentario. Uso palabras malsonantes, una actitud seria, incluso fría, y siento que todo eso protege a mi niña interior, esa que una vez fue herida.

El problema del ego es que muchas veces nos ciega, tanto que incluso no sabemos ni identificarlo y pensamos que «yo soy así» y ya está. Cuando lo trabajamos y nos hacemos conscientes de cómo actúa en nosotras, somos capaces de utilizarlo a nuestro favor, dándonos cuenta de cuándo está ahí y siendo nosotras quienes decidamos cuándo le vamos a dar un poquito de cancha (a veces a una le apetece regocijarse en el ego, no nos vamos a engañar) y cuándo lo vamos a mirar, como decíamos al hablar de doña Rogelia, pensando «te pillé», con una sonrisa compasiva, para recordarle que «ey, te veo, pero ahora puedo estar yo al mando de esta situación desde mi parte más pura».

Para descubrir esa versión más pura de ti, una parte que creo que será imprescindible es la de viajar a tu interior. Ya habrás podido ver en todo este libro cómo de importante es hacerse preguntas incómodas, viajar al pasado y remover todo aquello que todavía hoy pueda estar teniendo un impacto a nivel inconsciente. Sanar las heridas es fundamental para soltar lastre y seguir adelante. Cuando vamos por la vida con las heridas todavía abiertas, la sensación es la de ir caminando sin paraguas bajo una lluvia ácida. Todo lo que te toca te hace reaccionar. Todo lo que pasa tiene un gran impacto en ti, porque toca partes de tu ser que están a flor de piel. Sanar no es solamente observar todos nuestros traumas más profundos, que también, sino analizar toda nuestra historia de vida para darnos cuenta de cómo funcionamos y cómo nos estamos mostrando al mundo. Sanar nos va a permitir conocernos más, entender la forma en que miramos al mundo y nos relacionamos con él y soltar todo aquello que no nos sirve para avanzar.

Si leíste mi primer libro, ya sabrás que nunca romantizo el proceso terapéutico o de sanación. Sanar es el proceso más duro que una persona puede atravesar, porque en esas sesiones salen cosas que una pensaba haber olvidado por completo, pero te das cuenta de que siguen ahí, por pequeñas que sean. Es un proceso arduo, un camino lleno de espinas y momentos en los que crees que no avanzas, pero recuerda siempre que estás un peldaño más cerca de ti. En mi última charla de A Coruña, un maravilloso ser humano me dedicó un dibujo en el que ponía «Cuánto más difícil es el camino, más bello es el paisaje al llegar». Lo imaginé como el típico camino espinado, rocoso, bajo un sol abrasador, que te permite llegar a una playa paradisiaca. El paisaje eres tú: un espectáculo de la naturaleza. Es bello, resplandeciente, único, pero no olvides que en esa playa también hay oleaje, el agua puede estar fría, hay rocas bajo el agua, vive bajo las tormentas…, tal y como tú lo haces. Ese paisaje puede seguir siendo precioso pese a cualquier agente externo que parezca complicarlo. Como la vida misma. Gracias, Calobito, si llegas a leer este libro, por esa grulla de papel que me acompaña.

EL CAMINO
A QUERERTE

Seguro que llevas tiempo escuchando lo de «sana tu autoestima, mejora tu autoconcepto, los días de mala imagen corporal...». Pero ¿qué es realmente todo eso? ¿Para qué te sirve en tu proceso? La autoimagen es literalmente la imagen física que tenemos de nosotras mismas en el momento actual, es un concepto que habla en presente. El autoconcepto es la imagen que tenemos de nosotras mismas, incluyendo también aspectos psicológicos, emocionales y actitudes presentes y pasados en relación a nuestras creencias, valores y aprendizajes. Y, por último, la autoestima es la valoración que hago de todo eso que soy (de mis valores, mi aspecto, mi personalidad...) y la reacción emocional que me provoca. Por eso decimos que cuando la valoración es positiva podemos observar una autoestima alta o una buena autoestima, y una autoestima baja o mala autoestima si la valoración es negativa.

La autoestima es mucho más que amar la imagen del espejo. Para mí es la base de todo lo que nos atraviesa a lo largo de la vida: conocernos, poner límites, cuidarnos... Autoestima es conocer cada parte de ti mejor que nadie, respetar todo lo que eres, saber cuándo entra en escena cada parte de ti y hacer el trabajo de gestionarlas. Es sostenerte en los días malos, tratarte con cariño como tratarías a tu niña interior, es atender a tus emociones y entender su función, aceptar con compasión las caídas y tropiezos porque entiendes que la vida no va a ser lineal. Autoestima es amarte sin peros, sabiendo que mereces amarte solo por el hecho de existir. Sin buscar más explicaciones. Autoestima es respetarte en cada momento de tu vida sin excusas. Es, al fin y al cabo, saberte prioridad y tratarte como tal.

También hablamos siempre de la autocompasión. De hecho, en este libro la has visto mencionada varias veces. Autocompasión es aceptar que no soy perfecta ni tengo por qué serlo. Me apoyo y me doy calma en los momentos difíciles porque sé que lo estoy haciendo lo mejor que puedo con las herramientas que tengo hoy. Ya está, perdónate por aquello que hiciste, dijiste o pensaste. No tenías otra forma de hacer las cosas y no mereces castigarte de por vida por ello. Recuerda lo que hablábamos unos capítulos atrás: hablarte como le hablarías a alguien que amas, como si te dirigieras a esa niña que un día fuiste y que necesita comprensión. Trátate con la misma compasión que tratarías a esa amiga que un día la cagó y se sentía culpable. Sé amable contigo porque eso significará ponerte en primer lugar ante cualquier cosa que pase, sea buena, mala o regular. Te prometo que si cada vez que vas a ser cruel y machacona contigo, intentas aplicarte esa amabilidad, lo notarás en gran medida en tu percepción sobre ti y en tu autoestima. Toma tiempo, como todo, ya lo sabes, pero merece la pena cada minuto invertido.

Hablemos ahora de la famosa imagen corporal. Puede llegar a ser más fácil para mí aceptar quién soy, en cuanto a mi personalidad, que aceptar la imagen que veo en el espejo. Esa imagen que un día nos enseñaron que por no verse así, asá, lucir de una forma u otra, era menos digna de amor. Nos enseñaron que nuestra valía y lo importante estaba en ese artilugio que tantos momentos desagradables nos ha hecho pasar: la báscula. NO LA NECESITAS, te lo prometo. Tirar tu báscula o pegarle encima la etiqueta «perfecta» no va a hacer que te descuides ni que empeores tu salud, todo lo contrario. Te va a permitir cuidarte en la totalidad de la palabra, sin medir cómo te estás cuidando en el número que marque. Te va a permitir ver que tu bienestar no está en un número, sino en lo que haces día a día por sentirte bien. No necesitas pesarte todas las mañanas para alegrarte si has perdido peso o lamentarte si la báscula ha subido. Te mereces una vida en paz con tu cuerpo. Aun así, una vez tirada la báscula o hechas las modificaciones pertinentes, puede seguir habiendo días donde la imagen del espejo cueste. Piénsalo: si la sociedad no nos dijera cómo deberían verse los cuerpos, nada de esto pasaría. Si tú pudieras vivir en paz con quien eres y no buscar defectos en ti, la imagen del espejo no dolería porque conseguiríamos esa aceptación radical de la que se habla en muchas partes del activismo bodypositive. Pero esta no es la realidad.

La realidad es que si un día tu barriga está más hinchada, estás cerca de tener la regla, notas que han aparecido muchos granos, o estrías, o celulitis…, puede que eso genere un rechazo cuando lo veas. Lo importante aquí no es tanto ese rechazo, sino qué vamos a hacer con él. Es decir, ese rechazo, hasta que esta sociedad no cambie por completo, puede seguir estando y con una razón más que clara. Lo importante es cómo trabajo yo ese rechazo y qué hago con él. Puedo aceptar que tengo un día malo, y aun así tratarme con cariño y compasión. Hablábamos antes de hacer planes que me gusten, vestir ropa cómoda, centrarme en el presente con técnicas como la meditación… Puedo verme mal en el espejo y seguir queriéndome porque sé que eso que hoy veo como un defecto no define quién soy, y puedo seguir trabajando en entender que no soy perfecta ni necesito serlo para ser feliz. Claro que habrá días en los que doña Rogelia se pondrá las pilas e intentará hacer que ese pensamiento en bucle nos nuble el día, pero hasta en esos momentos lo importante es activar la compasión y el cariño hacia nosotras mismas:

Lo estoy haciendo lo mejor que puedo.

No necesito ser perfecta.

Mi cuerpo es mi vehículo y sigue ahí para mí.

…

Las frases que te funcionen para activar esa compasión importantísima en estos momentos.

Hablábamos de nuevos referentes y de hacer ese *detox* de los mensajes que recibe nuestro cerebro: busca la diversidad a tu alrededor. Parece obvio, ¿verdad? Pero yo pasé años tan centrada en odiar a mi cuerpo que nunca me paraba a observar que lo normal es que mi cuerpo sea diferente. Te sientas en un banco a ver a la gente pasar y te das cuenta de que no hay dos cuerpos iguales. NO LOS HAY. Cada persona tiene una forma distinta, una altura distinta, un ancho distinto, unas facciones distintas… Nutre a tu mente con esa diversidad: búscala en redes sociales, en revistas, en la calle, en las películas… Enséñale a tu cerebro «¿ves?, todas son diferentes. Podemos ser diferentes. Todo está bien». No tienes que alcanzar ninguna belleza impuesta. Sabes que tu cuerpo es mucho más capaz de lo que te han hecho creer todo este tiempo. Lo sabes y yo también lo sé. Confía en su instinto, en su forma de hacer. Atrévete a demostrarte de lo que sois capaces cuando unís fuerzas.

Aceptar quién eres no es conformarte y no querer mejorar nada de ti. La diferencia está en que mejorar no tendrá que ver con adelgazar ni modificar tu cuerpo. Ya sabes, esas decisiones siempre podrás tomarlas, pero con una mayor conciencia y amor a ti. Lo que pasa es que a ciertas personas les interesa vincular lo de la «mejor versión» con modificaciones del cuerpo, pero nada tiene que ver con eso. Aceptar es dejar de luchar contra algo, en este caso algo tan importante como tu cuerpo, ese que va a acompañarte hasta el fin de los días. Aceptar quién eres es lo que te permitirá amarte en tu diferencia, en tu existencia como ser único.

¿Y qué pasa con el famoso autocuidado? Cuando hablamos de los días malos ya te di varios ejemplos que pueden servirte como *tips* de autocuidado. Al fin y al cabo el autocuidado es el tiempo que nos dedicamos. Quizá el consejo más importante que puedo darte es que navegues la incomodidad del silencio que provoca estar contigo a solas. Te ponía antes el ejemplo de la frase de *Like* que dice «cuando no te hacía ruido tu silencio», porque sí, sé que al principio, cuando no estamos bien con nosotras mismas, el silencio hace un ruido que te cagas. Nos incomoda estar con nosotras mismas porque implica confrontar a nuestros pensamientos, pero hacerlo será la única forma de avanzar para poder gestionarlos. Cuida de ti, preguntándote qué necesitas en cada instante. Pon tus manos en el corazón, sabes que es un gesto que te he repetido varias veces, conecta con tu amor y tu bondad innatas, están ahí, esperando que las recuerdes. Que esos dos sean los motores de las decisiones que tomes por amor a ti.

Es tan triste darnos cuenta de que nos han enseñado a rechazar a nuestros cuerpos y vivir esperando; esperando un cuerpo determinado, un amor determinado, una validación determinada... Es tan triste darnos cuenta de que somos muchísimas personas que vienen de contextos diferentes, con historias tan pero tan parecidas... Tu historia y la mía serán radicalmente diferentes, pero sin embargo coinciden en rechazar la piel que habitamos, en vivir de espaldas a quienes somos, en una relación difícil con nosotras mismas... Ojalá poder tocar una tecla y que todo cambiara radicalmente, pero lamentablemente nadie puede hacer eso. Nos toca armarnos de valor y confiar en que, con nuestros procesos individuales y personales haciendo ruido, conseguiremos cambios grandes que nos permitan vivir de una forma más libre. La realidad es que nos toca caminar nuestro propio sendero espinado, conocernos mejor que nadie en este mundo y apostar por nuestra felicidad, en vez de esperar a que primero vengan los cambios grandes que nos pondrían el camino un poquito más fácil.

Nadie debería habernos arrebatado el derecho a ser felices y amarnos. Por favor, dejemos de vivir a medias, de sentir que eso es lo que merecemos. Vivamos en mayúsculas, sin peros, sin miedo a ser quienes somos, porque el día que nos vayamos de este mundo nadie nos recordará por lo que aguantamos haciendo x dieta o por lo bien que se veían nuestros muslos en pantalón corto. Te van a recordar por lo bueno que aportaste a este mundo, por las carcajadas que provocaste, por tu vitalidad, tus ganas de vivir, por ser el mayor regalo para alguien que ha podido disfrutarte. No puedes seguir desperdiciando tu vida por lo que los demás opinen. Se acabó. Ni un segundo más.

Cuando empiezas a confiar en ti, en tu cuerpo y, sobre todo, a respetarlo sea cual sea su forma, el peso deja de ser una preocupación y un problema. Te prometo que sí. Muchas veces recibo preguntas de «¿algún día dejaré de sentirme así?». Sí, la respuesta, según mi experiencia, es que sí, pero como ya sabes no es un camino fácil. Te prometo que, pasados los primeros días incómodos después de tirar la báscula, lo que pueda decir ese aparato deja de importarte. Te prometo que cuando aprendes a escuchar las señales de tu cuerpo, nada de lo que pueda decir el resto logrará romper ese vínculo maravilloso entre tú y él. Te prometo que cuando te amas por encima de todo y te sabes válida independientemente de lo grande que sea tu talla, consigues calmarte en los días malos.

En esta nueva etapa que creo que quieres empezar, deberás estar muy atenta a las señales. Al principio es cansado, no te lo voy a negar, pero te permite desarrollar una escucha increíble hacia tu cuerpo. Los cambios toman tiempo, habrá días de todo: algunos en que notarás el deseo de adelgazar muy presente, otros en que te sentirás completamente conectada con tu cuerpo... Lo importante es que sepas identificarlos y aferrarte a las herramientas que vayas teniendo. Por encima de todas, la más importante: la compasión hacia ti y el amor radical hacia tu cuerpo (el amor sin peros).

¿Cuántas cosas crees que podrías hacer si, desde hoy, empiezas a invertir todo el dinero que invertías en la cultura de la dieta y en tratar de ser «perfecta» en planes maravillosos con tu cuerpo? Bailar, ir al cine, viajar... La vida son dos días y uno llueve, amiga mía. Vamos a vivir con todo.

VALE

Por un día siendo
IMPERFECTA

No caduca, es válido 365 días al año, de lunes a domingo

ERES MÁS FUERTE
DE LO QUE CREES

Soy de esas personas que creen que todo lo que ha pasado en mi vida ha estado ahí para ayudarme a ser mi versión más real. Me gusta vivir pensando que todo forma parte de un propósito más grande que cualquiera de mis ideas y que, pueda entenderlo o no, me permite seguir avanzando. Hay quien a esto lo llama autoconvencerse, y tampoco me voy a oponer a la idea. Pero ya sabes que me niego a pensar que a esta vida venimos únicamente a sufrir. Si Dios nos puso las croquetas en el camino, ¡por algo será!

Quiero que vuelvas a pensar en alguno de esos momentos que creíste que no lograrías salir adelante y que, al final, lo lograste. Te pido que recuperemos el ejercicio de hace algunas páginas donde pensábamos en esas cualidades tuyas que te han ayudado a superar todas las dificultades. Piensa en uno de los momentos más complicados que hayas tenido y que hoy veas como un recuerdo. Necesito que lo visualices por un instante y hagas el ejercicio de recordar cuál fue la cualidad (o cualidades) que te hicieron superarlo. ¿Fue tu tenacidad? ¿Tu resiliencia? ¿Tu pasión? ¿Tu empatía? Te dejo una lista de cualidades para que puedas observar si te identificas con alguna de ellas cuando estés pensando en ese recuerdo.

Si has conseguido encontrar la o las cualidades, ahora te voy a pedir pasar a un siguiente peldaño. Si no has encontrado ninguna cualidad en ti que te permitiera superar esa situación, te voy a pedir que te tomes otro instante para respirar hondo y activar al máximo la autocompasión que te permita indagar en ti hasta reconocer una. No hace falta que señales cinco, seis, ni tres. Con una es más que suficiente para que algo en tu interior haga clic y se active la admiración hacia ti, la compasión y la gratitud.

Tenemos las cualidades. Ahora piensa qué te enseñó eso que viviste. Ya sabemos que el dolor y el sufrimiento forman parte de la vida y debemos aprender a aceptar esa realidad. También hemos hablado de cómo los momentos difíciles son realmente movilizadores y nos permiten aprender y avanzar mucho más que los momentos felices en los que de alguna forma nos relajamos y adoptamos una actitud más pasiva ante la vida. Esto no significa que debamos aferrarnos al sufrimiento, como les sucede a algunas personas que no saben vivir sin esa «montaña rusa» emocional. Debemos valorar, y mucho, la tranquilidad y la alegría, porque también son emociones tremendamente funcionales a otros niveles. La cuestión es que si hoy somos quienes somos es por los momentos buenos y malos que hemos vivido y por cómo nos hemos ido construyendo después de cada tropiezo. Así que ahora te invito a volver a retomar ese recuerdo de un momento complicado que pensaste que no superarías pero sí lo hiciste. Me gustaría que te tomaras el tiempo de pensar qué te enseñó esa situación, no de ella en sí misma, sino quizá de ti o de cómo querías enfocar tu vida. Qué lado de ti consiguió sacar esa situación que sacudió en gran medida tu vida.

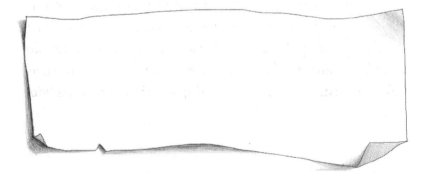

Mírate, estás aquí pese a todo. Has decidido comprar este libro para indagar en ti y seguir explorando quién eres. Has caído, has llorado, has pensado que no podías más y lo sigues intentando un día, otro día, otro día… Eres más fuerte de lo que crees. Mucho más. Estoy segura de que si te hiciera enumerar diez momentos tan difíciles como el que hemos trabajado, también sabrías exponerlos, porque no me cabe duda de que has superado momentos muy complicados. Eso es lo que quiero que veas hoy: que cuando te sientes insuficiente, poca cosa, nada capaz, inferior al resto… olvidas por completo todo lo que has conseguido hasta el día de hoy. Pasas por alto la cantidad de veces que te has tenido que superar a ti misma, todos los momentos que has tenido que echarle valor cuando en realidad tenías poca fuerza, cada segundo que has seguido pa'lante cuando la cosa se ponía muy fea. Sigues aquí pese a todo, así que admírate profundamente por todo ello.

Piérdele ya el miedo a ser quien eres, a llorar con las cosas que te remueven, a sentir todo al 300 %. Todo lo que has vivido te ha traído hasta aquí, eres el resultado de todas las veces que algo dentro de ti ha dicho «sí puedo», y ese algo es tu esencia pidiendo a gritos que la abraces. Tu esencia, tu intuición, tu ser más puro. Eres fuerte sin necesidad de corazas, de miedos paralizantes, de máscaras. Abraza tu sensibilidad y llora con las pelis de Disney cada vez que te apetezca hacerlo. Canta Belén Aguilera a todo pulmón en el coche y siéntete en un videoclip cuando camines por la calle. Tienes derecho a todo eso y más solo por existir. No hay nada en ti que merezca ser escondido.

TU CUERPO ES TU TEMPLO

Piensa cuántas horas del día dedicas a hacer cosas «hacia fuera»: tareas de casa, trabajo, socializar, ayudar a alguien, navegar en redes… Seguramente, todas esas cosas se comen muchas horas de tu día, dejando el mínimo espacio para ti, contigo. Ya sabemos que sanar la relación con el cuerpo tras años de rechazo no es nada fácil, y menos en un sistema como este. Ahora bien, sanar tu relación contigo misma va a tener que ser una decisión diaria con la que plantarles cara a tus creencias, a las expectativas de los demás sobre ti, al sistema gordófobo, a la tiranía de la belleza… Amarte y aceptar tu cuerpo es dejar de posponer esa alarma y darte un sincero y complejo «sí, quiero» todos los santos días. Porque ya sabes que habrá algunos en los que la imagen del espejo no te gustará. Habrá días en los que reine la tristeza, la ira, el cansancio… Y en esos también deberás elegirte, aun con todo eso en la espalda.

Piensa cuándo fue la última vez que te abrazaste. Sí, abrazarte a ti misma. Que pusiste tus brazos entrelazados sobre tus hombros, que apoyaste tu mentón en ellos, respiraste hondo y le dijiste a tu cuerpo «gracias». ¿Te suena raro, quizá? Lo entiendo. Es un ejercicio al que no estamos para nada acostumbradas, que nos genera mucho rechazo porque choca directamente con nuestras creencias sobre nuestros cuerpos. Aun así, yo te invito a intentarlo. Sé que muchas veces este tipo de ejercicios nos parecen una chorrada y los infravaloramos, pero debemos ver ese rechazo como barreras que pone nuestro miedo para protegernos de lo que nos aterra: conectar con nuestro cuerpo y aceptar que puede ser imperfecto a ojos del resto.

Si siempre que conectas con tu cuerpo lo haces desde un lugar negativo, si llevas mil caparazones de protección para que no dañen tu corazón, si el mero hecho de tocarte te genera rechazo e incluso asco (tranquila, cero juicio, he estado ahí), lo primero que te va a decir tu mente, invadida por el miedo, es: «Tú, ni de coña le vamos a hacer caso a la Croqueta esta. Es un ejercicio chorra que no va a cambiar nada. Lo nuestro con este cuerpo indeseable no tiene remedio. Olvídate».

Lo único que quiere tu mente es protegerte, no la culpes. Solo demuéstrale que tú estás al mando ahora. Que el miedo ya no tiene que dirigir más la actuación. Que ahora tú, en tu verdadera esencia, tomas el mando. Te voy a decir lo que yo misma me dije en su día: llevas tiempo, quizá años, tratándote de una forma que tiene pinta de que no ha funcionado mucho (y si sostienes este libro en tus manos, estoy segura de que me entiendes). ¿Qué pasaría si pruebas algo diferente? Prueba. Solo prueba. A ver qué pasa. Empezar siempre es difícil. Voy a contarte cómo fue la progresión en mi caso, por si puede ayudarte.

Sabemos que hay personas a quienes les ayuda el ejercicio de ponerse desnudas frente al espejo y empezar con afirmaciones positivas y a apreciar su cuerpo. Yo nunca fui de esas. Estuve años en los que literalmente me vestía de espalda a los espejos, así que la mera idea de verme desnuda en uno ha tardado años en llegar. Lo que quiero decirte con esto es que te adaptes a tu propio proceso. No busques dar grandes pasos en un día, más bien ve subiendo cada peldaño con la certeza de estar segura en cada uno de ellos. En mi caso, lo decisivo fue trabajar la gratitud hacia mi cuerpo de una forma gradual. Al final de este capítulo, tendrás un espacio para realizar tu propio ejercicio de gratitud y, si te animas, te invito de nuevo a tener tu propia libretita donde hacerlo diariamente junto a las afirmaciones y el diario de emociones, si son herramientas que te funcionan.

Para empezar, puedes agradecerle a tu cuerpo sus funciones básicas. A mí me era imposible conectar con la gratitud refiriéndome a partes de mi cuerpo que odiaba y necesité rehacer esa relación desde otro lugar. Si también es tu caso, te propongo empezar por ahí:

Gracias, cuerpo, por mantener a mi corazón latiendo.
Gracias, cuerpo, por cada respiración.
Gracias, cuerpo, por mantenerme con vida un día más.
…

Lo que sea. Aunque empieces por una sola cosa. Busca aquellos ejemplos que se adapten a tu experiencia, ya que cada persona con sus circunstancias tiene que buscar sus propios motivos dentro de su realidad. Yo puedo agradecerle a mi cuerpo cosas que otras personas no, y viceversa. Y está bien. Lo que todas tenemos en común es que nuestros cuerpos, sean como sean, nos han regalado un día más de vida en el que tú ahora te encuentras leyendo este libro.

Lo que me gustaría conseguir en este apartado es que dejaras de pensar que hay circunstancias en tu cuerpo que lo hacen menos digno de amor, porque no es así. Piensa cuántas veces cuidas realmente tu cuerpo, lo mimas, le hablas bien. Cuántas veces le dedicas un minuto de atención plena, lo observas, lo acaricias, le agradeces todo lo que te permite hacer y disfrutar de tu vida. ¿Y al contrario? ¿Cuántas veces te dices lo torpe que eres, lo fea que te ves en el espejo, lo horribles que son esos granos, esa celulitis, esas estrías, esas mollas que sobresalen en tu piel?

Tu cuerpo es tu templo. Es el vehículo que te ha traído hasta el día de hoy. Es quien ha resistido todas las dietas, los castigos, el hambre, la ira, el asco profundo hacia él. Es quien ha estado ahí cuando has necesitado correr, llorar, reír, amar. Es quien ha seguido regalándote un día de vida a pesar de todo el rechazo que hayas podido sentir hacia él. Es quien te habla y te pide que le atiendas cuando aparece el dolor, la rigidez, el cansancio... Tu cuerpo sigue ahí pese a todo, ¿lo habías pensado así alguna vez?

Voy a plantearte preguntas que me encantaría que te tomaras un rato para contestar. De hecho, lo ideal sería que pudieras dirigirte a un lugar tranquilo, ahora o en un momento que tengas libre, y continúes tu lectura desde ese lugar. Quizá es una cafetería que te encanta, un río, un parque, la playa... El lugar que tú prefieras. Me encantaría que este ejercicio se diera en un momento de verdadero compromiso entre tú y tu cuerpo. Que le dedicaras quizá los primeros momentos de atención que le has dado en toda tu vida y te regales ese instante de conexión.

Vamos a plantearnos esas preguntas que a veces cuestan tanto. Si quieres, además de pensarlas, puedes escribir tu respuesta al lado de cada pregunta. Como ya te he contado, la escritura es una herramienta brutal para conectar con nuestra mente, pero lo dejo a tu elección.

Quiero que pienses con total honestidad (recuerda: mani-ta al corazón) **¿qué hace mi cuerpo por mí?** Qué cosas te permite hacer, sentir. Puedes enumerar todas las que te vengan, como una lluvia de ideas. Sé que tu mente va a querer interceder con mensajes horribles sobre él, hacién-dote creer que no hace nada por ti, por eso te pido que cierres los ojos y con la mano en el corazón te permitas co-nectar una vez más con tu amor y tu bondad.

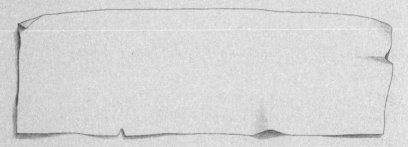

Ojalá hayas podido escribir muchas. Si no, tranquila. Deja esta página marcada y vuelve cuando se te ocurran. Este libro es para ti, para siempre, y te va a seguir acompa-ñando cada vez que lo necesites. Bien, vayamos ahora a ese «cuerpo ideal». Casi siempre esa idea intenta acercarse a un cuerpo delgado, incluso aunque ya lo tengamos. Más del-gado, más tonificado, más curvas, menos chichas... En de-finitiva, piensa en eso que tú consideras «el cuerpo ideal». Vuelve a ser sincera contigo y pregúntate **¿qué cosas creo que haría con el «cuerpo ideal» que no hago ahora?**

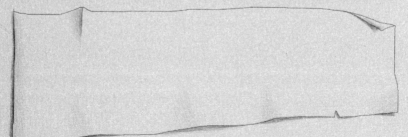

Quizá has anotado ir a la playa, vestir de x manera, relacionarte con otras personas de una manera diferente... Te entiendo, he estado en todas ellas. Ahora quiero que respondas con la misma honestidad **¿por qué creo que mi cuerpo actual no me permite hacer todo eso?** Anota todas las razones por las que tu cuerpo actual te impide acercarte a todo eso que te gustaría hacer.

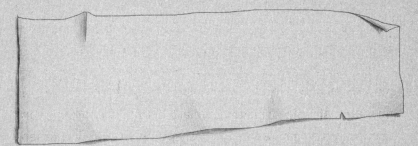

De acuerdo, ahí están tus razones. Sigamos poniéndonos a prueba: **¿me he demostrado alguna vez que esto es verdad?** Es decir: ¿has comprobado realmente que tu cuerpo no te permite hacer todo eso?

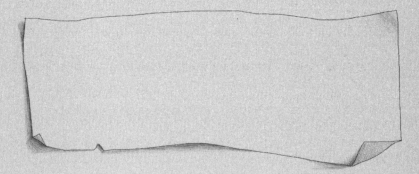

Genial, ya casi lo tenemos. Si nunca has comprobado que tu cuerpo no es capaz de hacer esas cosas que anhelas o sueñas, tranquila, todas hemos pasado por eso. Las creaciones de nuestra mente y las ideas que nos vende son tan fuertes que las aceptamos como válidas sin cuestionarlas demasiado. A veces es tal el miedo y la vergüenza que nos transmite nuestra mente que ni siquiera lo intentamos porque *¿y si fallo? ¿Y si se ríen? ¿Y si hago el ridículo?* Cuánto me identifico con todos esos pensamientos.

Si, por el contrario, tienes pruebas que confirman que tu cuerpo no te permite hacer según qué cosas, vamos a intentar acercarnos con compasión a todo ello.

La realidad, sea cual sea tu caso, es que el cuerpo que tienes hoy es el que es. Y con todo lo que sabemos ya, es difícil transformarlo de un día para el otro sin muchas consecuencias negativas. Entonces, sabiendo esto, y queriendo acercarnos al amor a nuestro cuerpo, vamos a formular la última pregunta: **¿qué cosas puedo hacer hoy, en este cuerpo, para acercarme a todo aquello que haría con «mi cuerpo ideal»?**

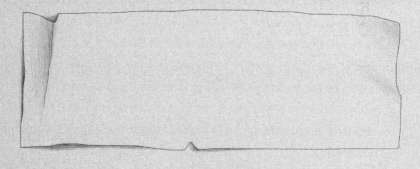

*¡Ey! Y si no puedes hacerlo ahora, dobla la esquina de esta página y vuelve aquí cuando lo necesites y quieras :)

Imagina que lo que te gustaría hacer es un deporte que implique estar con más gente, pero te aterra la idea de enfrentarte con tu cuerpo actual. Quizá puedes empezar por ir con alguien a quien conozcas, con quien tengas confianza, y a quien le apetezca empezar esa actividad contigo. Tal vez puedes empezar por una actividad que implique estar con menos personas, notar cómo te sientes, ir venciendo esos miedos...

Imagina que lo que te gustaría es vestir de una determinada manera. Quizá puedes empezar por vestir con colores diferentes, comprarte una prenda que lleves tiempo queriendo y utilizarla un día en que te sientas bien con tu cuerpo y puedas demostrarte que todo está bien...

Imagina que lo que te gustaría es relacionarte con los demás desde un lugar más seguro. Tal vez puedes empezar por buscar esa seguridad en ti, por trabajarla, por reconocer tu valía y tu potencial, y reconocer que no necesitas impostar una versión de ti más «empoderada» para que el resto te ame o te acepte. Quizá puedes iniciar una conversación con alguien desconocido desde la tranquilidad y la pureza de quien eres, sin mayor pretensión, para darte cuenta de que desde ese lugar ya puedes establecer relaciones y conversaciones estimulantes y positivas.

Mira, desde mi propia experiencia, han sido muchos los años que he intentado impostar una versión distinta de mí por el profundo miedo que tenía a que los demás rechazaran mi cuerpo. Intentaba parecer más segura, esconder mi cuerpo, no incomodarme saliendo de mi supuesta zona de confort porque «¿quién soy yo para hacer eso?». Y la realidad es que cuando mejor me han salido las cosas es cuando he aceptado mi versión más Yo, sin máscaras, con total honestidad y amor a quien soy. Cuando no he intentado parecer más delgada con un pantalón, cuando no he querido aparentar seguridad y ser una *femme fa-tale* con las personas nuevas que conocía, cuando me he permitido exponerme a grupos de personas en distintas actividades a mi ritmo, sin presión de hacerlo todo YA.

No necesitas ponerte hoy mismo un *crop top*, ni meterte en una clase de zumba con cuarenta personas, ni salir a la calle con unos tacones mirando a la gente como queriendo decir *ey, fíjate bien en la tía tan segura que soy.* Te lo digo por experiencia. Puedes hacer las cosas a tu ritmo. Puedes arriesgar hoy con una camiseta de un color poco habitual en ti, puedes ir a caminar por tu barrio y trabajar tu seguridad en ti misma sin necesidad de impostarla al resto. Cuando sabes quién eres y te conoces mejor que nadie, no necesitas impostar todo eso hacia fuera, porque esa energía tuya se ve, se palpa, es notable para el resto. Los cambios se irán viendo fuera a medida que se den por dentro. Ten fe.

Léeme bien: que nadie más vuelva a decirte que puedes o no puedes hacer algo por cómo es tu cuerpo. Sé tú quien se conozca mejor que nadie, quien conozca tus puntos fuertes y tus puntos débiles, quien explore tu cuerpo y tu placer. No tengas miedo a hacer algo solo porque siempre te han hecho creer que tú no puedes, porque la realidad de si puedes o no reside al otro lado de ese miedo. Demuéstrate a ti misma si puedes o no. No le des esa decisión a nadie más que a ti misma. LOS DEMÁS HABLARÁN, PERO SOLO TÚ PUEDES DEFINIR QUIÉN ERES.

Reconozco a mi cuerpo como mi templo, porque sé que yo misma soy lo mejor y más importante que tengo. Porque voy a tener que convivir conmigo y mi cuerpo el resto de mi vida y elijo amarme. Porque en mi corazón sé que mi cuerpo es espectacular solo por el hecho de mantenerme con vida, independientemente de lo que la sociedad opine de él. Porque esas opiniones no me definen y yo prefiero apreciar cada milímetro de mi ser, valorando que soy única y eso me hace increíble. Porque asumo que nunca voy a ser suficiente para las personas incorrectas y por eso debo serlo para mí. Claro que a veces es agotar, claro que la gordofobia a veces me ahoga. Pero amar a mi cuerpo y a mi ser es la mejor decisión que tomo todos los días.

Diario de gratitud

Hoy le doy gracias a mi cuerpo por:

Mi cuerpo me permite:

Hoy quiero ver con compasión y respeto esta parte de mi cuerpo:

*¡Ey! Y si no puedes hacerlo ahora, dobla la esquina de esta página y vuelve aquí cuando lo necesites y quieras :)

VOLVER A CAER

Cuánto miedo les tenemos a las famosas recaídas. Mi amor, volver a caer es como cambiar. Forma parte de la vida. La vida no es lineal y por eso puede haber momentos donde todo se desmorone y toque volver a construir. El miedo que nos provoca eso parte precisamente de esa quietud que nuestra mente nos vende como lo perfecto. La zona de confort, la calma, el que nada se mueva… Parece que es a lo que debemos aspirar, pero ¿cómo aspirar a algo que es absolutamente imposible? ¿No sería más fácil aceptar que en la vida van a pasar cosas?

La zona de confort, no moverte de lo conocido, solo satisface a tu mente. Tu alma, tu esencia, están hechas para transformarse. La clásica «crisis existencial», o el sentirnos completamente perdidas y con ganas de echar por los aires nuestra vida para rehacerla, es precisamente esa necesidad de transformación que está en nosotras pidiéndonos tener espacio. No vas a poder mantener la vida quieta para siempre. Si lo haces, probablemente haya una partecita de ti que piense «¿qué habría pasado si…?». Morir en vida, permitirnos dejar de ser quienes somos hoy cada vez que nos vamos a dormir y amanecer al día siguiente sabiendo que tenemos la oportunidad de renacer, de volver a intentarlo, de ser un Yo más abierto, más consciente, más despierto… Eso es lo que nos permite expandirnos y crecer.

Vas a caer, claro que vas a caer. Igual que todas lo hacemos. Pero ten claro que no volverás a hacerlo en la casilla de salida. Mira, fíjate. Un día estabas en la casilla de salida. Aprendiste, creciste..., lo que sea que hicieras hasta llegar a esta página de este libro en concreto. Seguro que antes de este libro, ya había algo en ti pidiéndote escuchar otra cosa, una parte de ti queriendo salir, un *yo qué sé, que qué sé yo* pidiendo ser visto. Quizá empezaste a seguir a cuentas diferentes en redes sociales, tenías ganas de escuchar un discurso distinto al habitual, tenías la inquietud de salir de lo establecido. Si hoy caes, ya no estás en la casilla de salida. Toda la información que has recibido, todo lo que tu mente todavía mira con recelo pero ya ha escuchado, todo lo que has aprendido desde el primer día que caíste... te ha llevado a una casilla más adelante. Así que sí: caerás y tocará volver a levantarse. Pero con la seguridad de que la casilla inicial está por detrás de ti. No eres la misma persona que cayó la primera vez. Has muerto y renacido todos los días desde entonces, aun sin tú saberlo. En cada caída, en cada tropiezo, tienes la oportunidad de aprender qué te enseña de ti esa situación. Qué cualidad tuya sale para sacarte a flote, qué fortaleza tuya está ahí, qué flaqueza, qué punto a mejorar y cuál agradecer.

No tengas miedo a transformarte y a que cada caída te permita transformarte más y más. No puedo imaginar quién sería Mara si no se hubiera caído todas las veces que lo ha hecho y lo sigue haciendo. Empecé a escribir este libro desde un lugar de «voy a contarles todo lo que sé», y al mes estaba tomando medicación para poder calmar mi estado emocional. Empecé desde un lugar de «esto ya me lo sé» y la vida me dijo: *Espera, todavía puedes saber un poco más.* Y aquí me tienes, volviendo a escribir un libro donde me abro en canal para ti y para mí, para que el día de mañana podamos volver a todas las páginas marcadas que puedan ayudarnos a tirar pa'lante.

Benditas caídas y todo lo que podemos sacar de ellas si no decidimos quedarnos besando la piedra que nos hizo caer. Eres suficiente y más que fuerte. Mírate, mira hasta dónde has llegado. Has superado todas y cada una de las caídas que ha habido en tu vida, que estoy segura de que no han sido pocas. Mírate, aquí estás. Eres suficiente, amor, eres suficiente y capaz de seguir adelante tras cada caída que te haga parar un poquito.

Vale, sí, pero ¿qué hago cuando vuelva a caer? ¿Qué hago? ¿Cómo salgo de aquí? ¿Cómo lo soluciono? ¿Cómo lo supero? ¿Cómo no me quedo besando mi querida piedra?

Estoy segura de que, a estas alturas del libro, ya sabes que aquí no hablamos de fórmulas mágicas. Como seres humanos, queremos las soluciones de hoy para ayer. De ya para ya. *Duérmame entera, doctor, no quiero sentir dolor.* Que todo pase lo más rápido posible, de la forma en que menos sienta... Y eso, amiga, no va a poder ser.

Te has caído. Okey. Después del enfado inicial, de la frustración de *no, por favor, otra vez no...*, decidamos si nos queremos quedar ahí para siempre o tratar de sacudirnos el polvo y seguir porque esa decisión, ese «ni un segundo más», ese golpe en la mesa que nos permite accionar, será un gran primer paso para salir adelante. Primero: NO ERES ESTA CAÍDA. No te identifiques solo con los tropiezos y los malos momentos, que te conozco, *bacalao.* Eres muchísimo más que este mal momento, así que trata de recordarte eso: qué cosas eres y qué cosas no eres. No eres tus pensamientos, no eres tus miedos, no eres tus tropiezos. Sí eres el amor que reside en ti, sí eres tu esencia, sí eres tu bondad.

Ahora observa qué te cuenta ese mal momento: ¿puedes identificar qué lo ha detonado? ¿Qué situación, pensamiento o cosa ha hecho que aparezca justo así y ahora? Quizá algo te ha hecho recordar una herida del pasado, quizá llevas mucho tiempo sosteniendo una emoción en ti sin escucharla, o una situación de estrés muy fuerte. Quizá necesitas un momento contigo para sentir lo que estás sintiendo, valga la redundancia. Para no ponerle parches a esa emoción, sino dejarla aflorar en llanto, risa, grito, conversación… y ver a dónde te lleva.

Puedes poner, por un momento, el foco en algo que sea neutro para rebajar la intensidad de lo que sientes: las nubes, un pájaro, la posición en la que estás sentada, una parte concreta de tu cuerpo… Esto ayudará a que esa emoción que ahora está en un nivel diez y que puede que te aturda un poco baje unos cuantos puntos y te permita pensar, sentir y actuar de una forma más funcional.

Puedes utilizar las técnicas de las que hemos hablado: la **meditación**, que te ayudará a reducir la intensidad de las emociones y a ganar claridad en lo que te está pasando (recuerda mi experiencia aquel día que no quería ser graciosa). La **gratitud**, que te permitirá poner el foco en las cosas buenas y agradables de tu vida (puedes tener preparada una pequeña lista a la que recurrir en momentos difíciles para poner un poco de ancla a tierra). La **escritura**, donde volcar todo aquello que pienses y sientas para observarlo, darle forma, verlo con perspectiva y soltarlo. Buscar **elementos placenteros**: una música agradable, un paseo por la naturaleza, una conversación con alguien que para ti sea un lugar seguro…, algo que te saque de la rumiación mental. Revisa tus **creencias**: qué me está contando mi mente sobre esto que pasa y cómo me lo está contando. Elijo convertir esas formas de mi mente en un diálogo más compasivo conmigo para atravesar esta situación desde un lugar más amable. Recuerda que, si la dejamos, la mente desbordada puede ser como una arena movediza. Escúchate, siente todo y acciona a tu manera. Recuerda tus **cualidades**: esas cosas de ti que te mantienen a flote y que hacen de este mundo un lugar mejor con tu presencia. Están ahí, sabes que las tienes, las hemos trabajado antes. No permitas que tu mente te haga creer que no existen. Respétate y admírate por esa cualidad.

Si has hecho todo lo que proponía en este libro, ya tienes tu lista de cualidades, tu *murito del amor*, y reconoces los recursos que te ayudan a calmar un momento difícil. Igual que en los días malos, intenta que tu día esté lo más lleno posible de aquellas cosas que te hacen bien, como si fueran un mantra: libros, música, pódcast, cuentas de Instagram, conversaciones... Que en los días difíciles tu mente se nutra de todo aquello que te hace bien, porque la tendencia puede que sea la contraria. Y los días que necesitas hacerte bolita y sentirlo todo, nos hacemos bolita y lo sentimos todo, ¿vale? Porque no hay dos días iguales, tampoco los difíciles. Tienes muchas más herramientas para sobrellevarlos, así que dales permiso a todas. Fluye con la que más necesites en cada momento. Vamos, mi valiente, lo estás haciendo increíblemente bien.

está bien ser como soy

Valgo independientemente de mi físico

soy más que mi cuerpo

Soy digna de ser querida

identifico y acepto mi cuerpo

merezco mi propio cuidado y respeto

Te propongo el último ejercicio de este libro. Me encantaría que pudieras utilizar este espacio para escribirle una carta, unas líneas de aliento, a tu Yo en recaída. A esa versión de ti que ha vuelto a caer, que siente que no avanza, que no se encuentra en un buen momento. Lo ideal es que puedas escribirlo en un momento en que te encuentres tranquila, estable y con la energía para hablarte de esa forma. Escríbele a esa parte tuya las palabras de aliento que sabes que vas a necesitar leer o escuchar. Dile todas esas cosas compasivas y motivadoras que agradecerás leer en un momento difícil y recurre a ellas siempre que las necesites. Nada mejor que tenerte a ti en los momentos complicados :)

*¡Ey! Y si no puedes hacerlo ahora, dobla la esquina de esta página y vuelve aquí cuando lo necesites y quieras :)

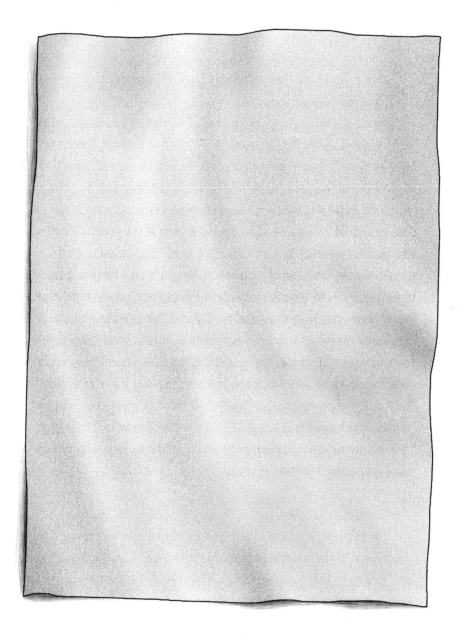

CARTA AL MUNDO EXTERIOR

Querido mundo exterior:

Hoy me dirijo a ti para intentar que me entiendas un poco más y me juzgues un poco menos. Para que puedas acercarte a la forma en la que veo y percibo el mundo, desde mis ojos y mi experiencia. Sé que muchas veces te costará entenderlo porque nuestras historias estarán alejadas, pero estoy segura de que si me escuchas (o, en este caso, me lees) con el corazón, todo será un poco más sencillo.

A veces, solo necesito que me preguntes: «¿Cómo puedo ayudarte?». Parece simple, ¿verdad? Sé que te duele verme sufrir, pero, caminando de tu mano, el andar no cuesta tanto, te lo prometo. Sentirte cerca, tus palabras de aliento, tus miradas de cariño, saber que estás ahí... hace que me sienta más segura en este camino que hoy me toca atravesar. No vas a poder sacarme a rastras del momento que estoy viviendo. Sé que muchas veces te gustaría hacerlo, que si pudieras «te cambiarías por mí», pero la realidad es que me toca a mí vivir todo esto y tú solo puedes acompañarme y verme avanzar.

Papá, mamá, familia:

Quiero que sepáis que la forma en la que habláis de vuestros cuerpos o el de las demás personas también determina mi forma de mirar los cuerpos. Cuando te veo a dieta, cuando noto cómo sufres por no poder comer aquello que deseas, cuando te oigo criticar o burlarte del cuerpo de otra persona, cuando me haces comentarios violentos sobre mi cuerpo… estás impactando sobre mi relación conmigo misma. Sé que no lo haces con mala intención, que son tus propias creencias y tu relación con tu cuerpo lo que hace que te comuniques desde ahí, pero necesito que sepas cómo me siento.

Quiero deciros que tenéis derecho a sanar la relación con vuestros cuerpos y deseo con todo mi corazón que lo hagáis. No sigáis perpetuando en nuestras vidas relaciones de rechazo, de crítica. No sigáis viendo en la comida todas esas normas estrictas, dolorosas y falsas sobre lo que «es bueno» y «es malo». No me escondáis la comida, no me prohibáis comer lo que vosotros sí podéis comer. Enseñadme que la alimentación es un conjunto de decisiones, que una decisión única, aislada, no va a ser completamente determinante en mi salud ni en mi cuerpo, sino que elegir aquello que nutra a mi cuerpo y me haga sentir bien será siempre la mejor decisión. No habléis de otros cuerpos de forma despectiva, entended los cuerpos como algo cambiante, no estático. Ayudadme a identificar las señales de mi cuerpo: mi hambre, mi saciedad… Bailad conmigo, reíd conmigo, saltad conmigo, jugad conmigo… Enseñadme a valorar todo lo que mi cuerpo es capaz de hacer y que nos permite disfrutar juntos. No he elegido tener este TCA, ni estos complejos, ni este dolor. Todo eso es fruto de muchas cosas que me toca sanar y que espero poder hacer a vuestro lado. Escuchadme, preguntadme, miradme con amor y no con lástima. Con vuestro amor, todo va a ser más fácil para mí. Recuperarme tomará tiempo, solo necesito que estéis de mi lado y no del de mi TCA y sus mentiras.

Gracias por seguir ahí pese a ser complicado para vosotros. Os quiero.

A ti, mi pareja:

Te agradezco que pienses que controlando lo que como, cuándo lo como y cómo lo como voy a estar mejor, pero no es así. Mi relación con la comida y con mi cuerpo es algo complicada hoy, aunque sea difícil para mí reconocerlo. Preferiría que no habláramos de comida y de cuerpos cuando estamos juntos, porque sé que podemos tener conversaciones mucho más enriquecedoras para ambos, y más en este momento en que tanto me detona hablar de eso. Lo sé, sé que verme así es difícil para ti. Sé que te cuesta verme llorar y te sientes impotente, que quisieras arrancar de una vez todo mi dolor, pero ambos sabemos que no se puede. Tu compañía me recarga, tu amor me aferra a las cosas buenas y me mantiene con esperanza para salir adelante. Me encanta cuando hacemos planes diferentes, cuando paseamos juntos por lugares nuevos, cuando jugamos a esos juegos de mesa que me acaban haciendo rabiar cada vez que pierdo. Me gustan tus caricias en el sofá, cuando me abrazas al verme triste, saber que tu mano me sostiene siempre. No te sientas culpable ni responsable por las cosas que me pasan. Saber que me escuchas, me apoyas, me preguntas cómo estoy abrazando siempre mis respuestas es increíble para mí.

Gracias por seguir ahí, a mi lado, por tu paciencia y tu amor. Gracias por regalarme lo más importante: tiempo de calidad juntos. Te quiero mucho.

A ti, sociedad:

Cuánto me gustaría que fuéramos aliadas. Que cuando me vieras, no sintieras la necesidad de juzgar mi cuerpo y crear en tu mente ideas sobre cómo soy o cómo es mi vida. Cuánto me gustaría que entendieras qué es la gordofobia, cómo nos la han metido hasta en la sopa y cómo nos afecta a todas. Sé que no puedo pedirte que cambies de un día para el otro ese discurso que has tardado décadas en construir, pero ¿podríamos empezar pasito a pasito? Quizá dejando de alabar y glorificar la delgadez y la pérdida de peso como si fuera para todo el mundo. Tal vez aceptando la idea de que cada cuerpo es distinto y nadie merece ser juzgado por el suyo. Quizá parando esas conversaciones sobre los cuerpos de las demás y tratando de nutrir nuestras relaciones con ambientes más bonitos. También se me ocurre el dejar de cuestionar las elecciones alimentarias de los demás cuando no sabemos nada del resto de su vida, o darles consejos nutricionales a otras personas como si tuviéramos la formación necesaria y todo el contexto para hacerlo. Sé que no puedo pedirte que reeduques tu mirada de hoy para mañana y que borres de un plumazo todo lo que en tu cabeza parece verdad, pero ¿puedes al menos dejar de avergonzar y humillar a los cuerpos que se salen de tu norma? ¿Puedes entender que soy más que un cuerpo que se adapta a tus mandatos? Querida sociedad, la diversidad corporal existe. Y ambas lo sabemos. Merecemos un entorno que alabe eso, que nos nutra con imágenes distintas y que nos hable de lo importante que es cuidarnos por dentro y por fuera. Merecemos una sociedad que haga accesible la salud mental a todo el mundo, que normalice ir a terapia y hablar con las amigas de lo cruda que se pone a veces la vida.

Querida sociedad, quiero que nos llevemos bien. Quiero poder ser feliz y recuperar mis ganas de vivir. Quiero salir a la calle sin miedo a no volver, sin miedo a ser insultada, sin miedo al acoso, sin miedo a las miradas de juicio. Quiero comer sin culpa, vestir sin culpa, ser sin culpa.

¿Me ayudas?

OTRA VIDA PARA TI

En mi primer libro llamé a uno de los capítulos «Otra vida para mí» porque esa fue la frase que me acompañó a lo largo de mi recuperación. Fue ese pensamiento el que me sirvió de ancla para querer sanar, esa convicción de que había otra vida para mí en la que podía ser feliz y no odiarme. Hoy llamo a este capítulo «Otra vida para ti» porque confío plenamente en que también la hay para ti.

Y no me refiero a una vida sin problemas ni altibajos, que parece que es lo único a lo que verdaderamente aspiramos. La vida, en mi opinión, siempre va a tener luces y sombras porque si no... ¿dónde aprendemos? Dime una cosa, ¿has aprendido más de tus momentos buenos o de tus momentos difíciles? Claro que existe aprendizaje en los momentos felices y pletóricos, pero, sé sincera: ¿dónde se pone la balanza si te pido que señales los que más te han enseñado?

Los momentos difíciles nos permiten descubrir cosas de nosotras mismas que muchas veces ni sabíamos que estaban: resiliencia, fuerza, valentía... Que sí, que nos encantaría a todas una vida tranquilita en la que pasaran pocas cosas feas, pero es que esa es la mayor utopía a la que podemos aspirar. ¿A cuánta gente le pasará eso? Y lo más importante, ¿es realmente lo que yo quiero? ¿Una vida totalmente plana? Creo que lo primordial es aprender a aceptar las situaciones como vienen y sacar lo mejor que podamos de cada una de ellas. A veces solo podremos aceptar que son una mierda, hablarlo con las amigas tomando un mojito y tratar de echarnos unas risas cada vez que podamos, para minimizar el dolor. Pero siempre será mejor eso que quedarnos ancladas a las situaciones que nos hacen daño.

Yo sé que hay otra vida para ti. Pero no me refiero a que en esa vida no vaya a pasar nada. Pasarán cosas que tendrás que superar, muchas otras que te harán aprender, algunas te harán llorar y en otras te revolcarás de la risa. Lo que cambia entre esta vida y la que llevas ahora es que el odio y el rechazo no llevarán la batuta.

Esa es la vida que te mereces. Una vida en la que disfrutar, en la que aprender, en la que a veces llorar, en la que sentir todo lo que tengas que sentir, en la que viajar, conocer gente fabulosa y otra bastante *porculera*..., pero una vida en la que no vas a volver a odiarte. Nunca más. Una vida en la que vas a ser tu prioridad más absoluta. Eso es lo que te mereces. Porque dime algo: «Hasta cuándo, ¿mi amor?».

¿Hasta cuándo vas a seguir odiando la imagen del espejo?

¿Hasta cuándo vas a permitir que los demás dicten cómo debes ser?

¿Hasta cuándo vas a verte con desprecio solo porque tu cuerpo no se parece a lo que cuatro personas deciden que es lo correcto?

¿Hasta cuándo vas a posponer tu felicidad por un deseo que ni siquiera nace genuinamente de ti?

¿Cuánto hace que no disfrutas de un día de playa?

¿Cuánto hace que no te permites ponerte un bikini?

¿Cuántas fotos tienes en las que no te importa cómo se ve tu cuerpo?

¿Cuántas veces te permites disfrutar sin un pensamiento intrusivo sobre ti?

Tu cuerpo no es una pena que cumplir ni una cárcel en la que vivir encerrada. Por favor, no te pierdas en el camino por querer encajar en espacios que no te pertenecen.

No hay nada en ti que merezca ser escondido.

Ya eres válida.

Ya eres más que suficiente.

Eres maravillosa por lo que eres y aportas al mundo.

Eres inteligente.

Eres bella en todos los sentidos de la palabra.

Tu cuerpo es merecedor de todo el amor del mundo.

Lo que los demás opinen de ti no determina quién eres.

Los cuerpos son diversos y eso es lo normal.

Ser tú es tu mayor tesoro.

Te quiero muchísimo.
Y quiero verte brillar.

Igual que en el libro anterior, te cuento que no soy muy fan de las recomendaciones porque pienso que todo es megasubjetivo. Aun así, siendo este un libro que pretendo que te acompañe a lo largo de tu vida (qué bonito suena eso), quiero recomendarte aquellas cuentas de redes sociales, listas de reproducción, pódcast, libros… que me han inspirado y ayudado en mi día a día. Te invito a que los explores y veas lo que sí y lo que no. Que busques aquello que te haga cosquillitas en el *cuore* y ahí te quedes :)

Musiquita pa sanar corazones

En mi Instagram @croquetamente__
decidí crear dos listas de reproducción
colaborativas, en las que todas
las Croquetillas pudimos añadir
canciones que, por un lado, nos animan en
los días chungos, y, por otro, nos ayudan
a bajar revoluciones. Una se llama
«Croquetillas Buenrolleras» y la
otra «Respira». Son dos listas muy
especiales para mí porque durante
algo más de dos días miles de
Croquetillas añadieron sus canciones,
fue un poco como este libro:
«de mí para ti», algo que hicimos todas
para todas y que, siendo
la música algo tan identitario,
lleva por tanto un cachito
de cada una.

Playlist «Croquetillas Buenrolleras»:

Playlist «Respira»:

Pódcast
No sé si serás tan fan de los pódcast como yo, pero aquí te dejo mi selección (bastante variopinta, también te digo) por si puede gustarte :)

- *Negra como yo*
- *Botiquín para el alma*
- *Se regalan dudas*
- *Pipas en el banco*
- *Por si las voces vuelven*
- *Estirando el chicle*
- *¡Menudo Cuadro!*
- *Crims*

- *El pódcast de Marian Rojas*
- *Como si nadie escuchara*
- *Esto es nutrición*
- *Nadie hablará de nosotras*

Y próximamente el mío… Toma…, ahí te llevas la pedazo de exclusiva ;)

Libros

En este QR tienes acceso a mi carpeta destacada de Instagram, donde voy recomendándote todos los libros que me han parecido interesantes en autoayuda, salud mental, desarrollo personal, gordofobia, salud en todas las tallas… :)

Redes sociales

Aquí te dejo algunas de las cuentas de redes sociales que más consumo y que creo que pueden serte de inspiración. Esta parte es complicadísima porque, por más que la miro y la remiro, siempre acabo dejándome a alguien, así que perdón de antemano si somos compañeras, charlamos, compartimos y no sales en esta lista. No es nada personal, te admiro y te quiero <3

Activismo y divulgación

@sapodecara
Salud mental / Mindfulness / LGTBIQ+

@foodfreedommx
Divulgación TCA

@sanamente.monica
Activismo contra la gordofobia / Aceptación corporal

@magda_pineyro
Activismo contra la gordofobia

@vistetequevienencurvas
Moda plus size / Amor propio

@paulefdz
Activismo contra la gordofobia / Moda plus size / Bodypositive

@teresalopezcerdan
Bodypositive / Activismo contra la gordofobia

@lagordafeminista
Activismo contra la gordofobia / Amor propio / Bodypositive

@tengoquenayque
Activismo contra la gordofobia / Aceptación corporal

@prettyandole
Moda plus size

@fatpandora
Bodypositive / Activismo contra la gordofobia

Divulgación de profesionales de la salud

@sergiocrespoep
Entrenador personal con enfoque salud en todas las tallas

@kokoro_psiconutricion
Psiconutrición y salud integrativa / TCA

@adri.gimeno
Psiconutrición / Salud emocional / TCA

@analeonpsicologa
Psicóloga

@nutricioncontca
Dietista especializada en TCA y coach de TCA

@rocio_rodriguez_psicologia
Psicoterapeuta especializada en TCA

@raquelobaton
Alimentación intuitiva / Salud en todas las tallas / TCA

@ilanaborovoy
Alimentación intuitiva / Salud en todas las tallas / TCA

@estoesnutricion
formado por **@stefyactiva** y **@nutritionisthenewblack**

@miriamsanchez.tcacoach
Psicóloga y coach de TCA

@forapsico
Psicólogo / TCA y colectivo LGTBIQ+

@nutricional_mente
Psicóloga y dietista nutricionista / TCA

@mireiahurtado_mindful_eating
Psicóloga / Dietista / Aceptación corporal / TCA

@mercebastondietista
Alimentación / Relación con la comida

@yosoymasqueuncuerpo
Psicóloga TCA

@meryvinas_coach
Psicóloga / Coach / Alimentación intuitiva

@somosestupendas
Salud mental / Bienestar

@anapsicologamadrid
Psicóloga terapia breve estratégica
@miananutri
Nutricionista especializada en TCA
@piroposalalma
Psicóloga
@proyecto_princesas
Proyecto de visibilidad y apoyo a los TCA
@lapsicologajaputa
Psicóloga
@maria_esclapez
Psicóloga
@acuerpada
Psicóloga especializada en alimentación intuitiva / Gordofobia
@endocrinoplaya
Endocrino no peso centrista
@esmipsicologa
Psicóloga
@aliciagonzalezpsicologia
Psicóloga
@martasegrellespsicologia
Psicóloga (heridas de la infancia)
@neuronacho
Neuropsicología y salud mental
@nutriendoconciencia
Nutricionista
@pitu_aparicio
Sexualidad / Salud mental
@somoshaes
Profesionales de la salud con enfoque Salud en todas las tallas

@nutrirsindramas
Nutrición
@la.no.dieta
Psiconutrición / TCA

Posdata: me quiero

Estoy muy orgullosa de la comunidad que hemos creado. Todo lo que tengo en Croquetamente no es solo gracias a mi esfuerzo, sino a que sois vosotras, mis Croquetillas, las que estáis detrás apoyando cada paso y compartiéndoos desde vuestra mayor verdad.

No sabía cómo cerrar este libro. Pensaba «¿qué les puedo decir que realmente les haga sentir que no están solas?», «¿cómo hacer que sientan realmente este libro como su guía?». Entonces pensé que nadie mejor que las Croquetillas para hacer sentir bien a las Croquetillas. Porque aunque no me sigas en redes, si este libro ha caído en tus manos, ya eres una Croquetilla. Espero que no seas de los que las odian y ya la hayamos liao.

Las que me seguís por redes, recordaréis que hace un tiempo compartí la historia de mis llaves de casa. Resulta que un día, pensando que había perdido las llaves de casa, llamé a un cerrajero y resultó que todo el tiempo las llaves estaban en mi bolsillo del pantalón, pero yo, inmersa en el cansancio y aturdimiento del momento, no las vi. Bien, Ezequiel me recordaba esto haciendo referencia a cómo podemos relacionarlo con todo lo hablado en este libro. Es como si, de alguna forma, la llave siempre estuviera en ti. Solo necesitas el tiempo, la compasión y el amor para encontrarla. La llave al amor propio está en ti. Naciste con ella. Solo necesitas ese instante de conexión contigo para reencontrarla.

Os pedí por stories escribir una frase de aliento a alguien que lo estuviera pasando mal. «Alguien». No vuestra prima ni nadie a quien conozcáis. Los resultados no pudieron más que hacerme saltar las lágrimas porque me di cuenta de que la bondad humana, la compasión y el amor al prójimo están ahí fuera, solo necesitamos sembrarlas y ser ejemplo de lo mismo para verla brillar en los demás. Os leía y pensaba: esta es mi comunidad. Una comunidad que se apoya, se abraza, se acompaña. Estoy muy orgullosa de saber que hemos creado algo tan honesto en Croquetamente.

Así que lo que tienes en las siguientes páginas es el ejercicio más bonito que te podía proponer para cerrar el libro. Son las palabras de personas que quieren animarte y que veas tu luz en los momentos complicados. A lo que te invito es a que pases la página y, con los ojos cerrados, pases tu dedo índice por las dos caras de libro hasta que sientas que debes parar. Cuando lo hagas, abre los ojos y lee la frase en la que se ha parado tu dedo. Esa frase es para ti. No sé si tendrá el mismo efecto (espero que sí), pero siempre que hacemos un ejercicio bastante parecido en mis charlas presenciales, la frase que le toca a cada una resuena totalmente con lo que necesitaban escuchar. Ojalá a ti también te pase.

Ya sabes, puedes volver a este libro tantas veces como lo necesites. Para eso justamente está.

Te quiero mucho.

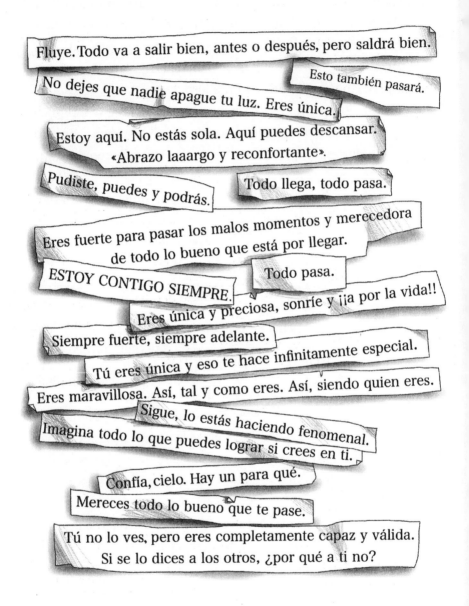

Fluye. Todo va a salir bien, antes o después, pero saldrá bien.

Esto también pasará.

No dejes que nadie apague tu luz. Eres única.

Estoy aquí. No estás sola. Aquí puedes descansar.
«Abrazo laaargo y reconfortante».

Pudiste, puedes y podrás.

Todo llega, todo pasa.

Eres fuerte para pasar los malos momentos y merecedora
de todo lo bueno que está por llegar.

ESTOY CONTIGO SIEMPRE.

Todo pasa.

Eres única y preciosa, sonríe y ¡¡a por la vida!!

Siempre fuerte, siempre adelante.

Tú eres única y eso te hace infinitamente especial.

Eres maravillosa. Así, tal y como eres. Así, siendo quien eres.

Sigue, lo estás haciendo fenomenal.

Imagina todo lo que puedes lograr si crees en ti.

Confía, cielo. Hay un para qué.

Mereces todo lo bueno que te pase.

Tú no lo ves, pero eres completamente capaz y válida.
Si se lo dices a los otros, ¿por qué a ti no?

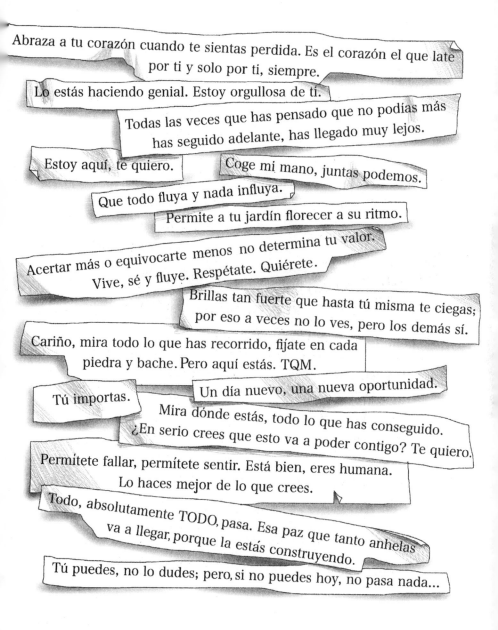

Abraza a tu corazón cuando te sientas perdida. Es el corazón el que late por ti y solo por ti, siempre.

Lo estás haciendo genial. Estoy orgullosa de ti.

Todas las veces que has pensado que no podías más has seguido adelante, has llegado muy lejos.

Estoy aquí, te quiero.

Coge mi mano, juntas podemos.

Que todo fluya y nada influya.

Permite a tu jardín florecer a su ritmo.

Acertar más o equivocarte menos no determina tu valor. Vive, sé y fluye. Respétate. Quiérete.

Brillas tan fuerte que hasta tú misma te ciegas; por eso a veces no lo ves, pero los demás sí.

Cariño, mira todo lo que has recorrido, fíjate en cada piedra y bache. Pero aquí estás. TQM.

Tú importas.

Un día nuevo, una nueva oportunidad.

Mira dónde estás, todo lo que has conseguido. ¿En serio crees que esto va a poder contigo? Te quiero.

Permítete fallar, permítete sentir. Está bien, eres humana. Lo haces mejor de lo que crees.

Todo, absolutamente TODO, pasa. Esa paz que tanto anhelas va a llegar, porque la estás construyendo.

Tú puedes, no lo dudes; pero, si no puedes hoy, no pasa nada...

AGRADECIMIENTOS

Eze y Adri, los principales pilares de este libro. Gracias por ser mis amigos, por acompañarme en cada aventura a corazón abierto y ser mi refugio. Si este libro es lo que es, es gracias a este equipo que formamos. Os quiero mucho.

Cuando leemos un libro no imaginamos cómo ha sido el proceso de escritura para la autora ni quiénes han sido las personas que han estado ahí escuchando cada duda y momento complicado. Mi salud mental retrasó mucho el momento de ponerme a escribir y limitó mucho mi creatividad, así que si hay alguien a quien también tengo que agradecer en este libro es a ti, Ian, mi Sapito, por releer las cosas veinte veces cuando ya me picaban los ojos tras horas escribiendo, por tener siempre listo el Colacao cuando tocaba echarle horas delante del ordenador, por quedarte despierto hasta altas horas de la madrugada para hacerme compañía cuando ya no me daban las horas del día y tenía que escribir de noche, por desmontar todos mis pensamientos limitantes y los discursos de mi doña Rogelia. Por tu apoyo, tu comprensión y tu amor. Gracias por ser. Te todo.

Gracias a todas las personas que me inspiráis día a día: a mis compañeras del activismo gordo, a mis amigas, a mi gente. A vosotras, Croquetillas, por ser mi «para qué» y mi aliento en el día a día. Por la comunidad tan preciosa que hemos creado, por apoyar cada uno de mis proyectos y abrazarme en la distancia. Ojalá pueda devolveros un poquito del amor que me dais con este libro.

A mi psicóloga, Ana León, por no soltarme en el momento más importante.

Y a ti, siempre a ti, Marita. Lo logramos.

Olympia Arango @ArangoOlympia · 10h ···
La galleta que acompaña el cafetín, una
caricia en la mejilla después de un beso, una
sonrisa al final de una conversación y el
apretar un poco más cuando el abrazo está a
punto de acabarse, a veces la vida solo
necesita un poco más de ternura para ser
menos grotesca

Olympia Arango @ArangoOlympia. Fuente: Twitter